EDIÇÕES VIVA LIVROS

Reiki para todos

Roberto King começou desde cedo a questionar as necessidades essenciais do ser humano e a observar a relação entre o homem e o meio. Em 1992, conheceu o Reiki e decidiu estudar esta técnica, tornando-se mestre. Fundou o Centro de Reiki "Ling Chi" e, desde então, tem dado seminários no Centro e em várias cidades da Argentina.

Oriel Abarca se interessou pelas questões do espírito e pelo significado cósmico da vida ainda na adolescência. Conheceu o Reiki em 1991 e percebeu que o caminho para a cura está na conexão com a Energia Vital Universal. Trabalha como mestre desde 1993 e participa de seminários na Argentina, no Brasil e no Paraguai. Também escreveu *Iniciação ao Reiki*.

Os autores se conheceram em 1992 e há mais de vinte anos compartilham ideias, experiências e modos de vivenciar o Reiki.

ROBERTO KING
ORIEL ABARCA

REIKI PARA TODOS
ENERGIA VITAL EM AÇÃO

Tradução de
LUIZ CARLOS A. FERREIRA
VERA LÚCIA A. FERREIRA

1ª edição

viva livros

RIO DE JANEIRO – 2014

CIP-BRASIL. CATALOGAÇÃO NA PUBLICAÇÃO
SINDICATO NACIONAL DOS EDITORES DE LIVROS, RJ

A111r
Abarca, Oriel
    Reiki para todos: Energia Vital em ação / Oriel Abarca, Roberto King; tradução Luiz Carlos A. Ferreira, Vera Lúcia A. Ferreira. – 1ª ed. - Rio de Janeiro: Viva Livros, 2014.
    12x18 cm.

    Tradução de: Reiki para todos: Energía Vital en acción
    ISBN 978-85-8103-028-9

    1. Reiki (Sistema de cura). I. King, Roberto. II. Título.

13-07537

CDD: 615.852
CDU: 615.852

Reiki para todos, de autoria de Roberto King e Oriel Abarca.
Título número 079 da Coleção Viva Livros.
Primeira edição impressa em fevereiro de 2014.
Texto revisado conforme o Acordo Ortográfico da Língua Portuguesa.

Título original argentino:
REIKI PARA TODOS: ENERGÍA VITAL EN ACCIÓN

Copyright *Reiki para todos – Energia vital en acción* © 1995, 2012 by Roberto King e Oriel Abarca.
Copyright da tradução © by Editora Nova Era.
Direitos de reprodução da tradução cedidos para Viva Livros, um selo da Editora Best Seller Ltda.

www.vivalivros.com.br

Capa: Mariana Taboada sobre imagem de Jochen Tack/Getty Images intitulada "Reiki treatment".

Ilustrações de miolo reproduzidas do original por Myoung Youn Lee.

Todos os direitos reservados. Proibida a reprodução, no todo ou em parte, sem autorização prévia por escrito da editora, sejam quais forem os meios empregados.

Direitos exclusivos de publicação em língua portuguesa para o Brasil em formato bolso adquiridos pela Editora Best Seller Ltda. Rua Argentina 171 – 20921-380 Rio de Janeiro, RJ – Tel.: 2585-2000 que se reserva a propriedade literária desta tradução.

Impresso no Brasil

ISBN 978-85-8103-028-9

Dedicamos estas páginas aos mestres:

Mikao Usui

Chujiro Hayashi

Hawayo Takata

Agradecimentos

Que estas linhas contenham o agradecimento àqueles que, no Brasil, têm somado conhecimentos ao Reiki.

Esta versão em português é um reflexo fiel de nosso pensamento, e aqueles que trabalharam nesta tradução são também excelentes praticantes de Reiki e maravilhosos seres humanos.

O cuidado e o respeito demonstrados pelos tradutores desta obra nos ensinam que existe uma linguagem universal quando nos encontramos com o coração.

Agradecemos a você por nos ter recebido em sua casa, e que Deus permita que também nos encontremos nos afetos a fim de nutrirmos nossas almas.

Obrigado Vera Lúcia, obrigado Luiz Carlos, obrigado a todos. Muito bondosos e amáveis.

Prometemos seguir trabalhando para merecermos um pouco do tanto recebido.

Os autores

Sumário

Agradecimentos 07
Prólogo 11
Prólogo à edição brasileira 13

1. O que se aprende 17
2. Sistema Usui de Harmonização Natural 19
3. O *Ki* 22
4. As mãos 25
5. Uma técnica do coração 27
6. Relatos de fatos históricos e culturais 30
7. O ideograma 33
8. Mikao Usui 35
9. Chujiro Hayashi (1878-1941) 41
10. Hawayo Takata (1900-1980) 44
11. Primeiro nível 51
12. Segundo nível 53
13. Tratamento básico em outras pessoas 56
14. Autotratamento 84
15. Ação e reação 91
16. Sintomas não prazerosos 92
17. Indicações e cuidados 94
18. Sequência de posições para uma sessão completa 98
19. Tratamentos especiais 101

Apêndice

1. Informações adicionais — 173
2. Reflexões sobre a vida do Dr. Usui — 175
3. Reflexões sobre a vida do Dr. Hayashi — 177
4. Cronologia e fatos históricos — 180
5. Onde e como aprender Reiki — 183
6. Mestrado — 185

Exclusivo para mestres de Reiki — 189

Prólogo

Quando pensamos em escrever sobre Reiki, nossa ideia era apenas editar um manual para nossos alunos. Decidimos compilar os temas que surgiram e, então, compartilhá-los com todos os reikianos. Nossa intenção não era escrever mais um texto sobre o tema, mas sim um que ampliasse, de certo modo, os conhecimentos já formulados.

Para isso, nos propusemos a analisar publicações estrangeiras, acrescentar as contribuições obtidas na realização de mais de cem seminários e resgatar ideias dos testemunhos de nossos praticantes e dos que foram iniciados por outros mestres.

Nossa intenção é valorizar a essência do Sistema Usui e difundi-lo ressaltando sua simplicidade e eficácia que, por não se prender a nenhum dogma ou doutrina, é uma síntese adequada que cada indivíduo pode acrescentar às suas próprias crenças e rituais.

Entendemos que essa técnica é uma contribuição importante para a América Latina, onde convivem diferentes culturas e crenças. Não somos comunicadores sociais, nem escritores, simplesmente somos mestres de Reiki entregando uma obra que esperamos ser fonte de informação, além de manual de trabalho e consulta.

É nossa vontade que esta contribuição seja lida por aqueles que tenham ou não algum conhecimento de Reiki.

Para as pessoas que pela primeira vez entram em contato com Reiki, recomendamos não considerar este livro um material de autoaprendizagem.

O Sistema Usui não pode ser aprendido por meio de livros, vídeo ou áudio. Os que tentarem praticá-lo estarão envolvendo suas próprias energias, com resultados prejudiciais para si e para quem o recebe. A duração e as posições indicadas para tratamento e sessões são exclusivamente para os praticantes sintonizados no Sistema Usui.

Aqueles que, baseados em leituras e em suas habilidades pessoais, estão equivocadamente trabalhando como professores ou mestres, sem sequer ter recebido os correspondentes Sintonias e Conhecimentos Secretos, convidamos a entrar em contato conosco por meio dos endereços eletrônicos mencionados na página 184 para obter o devido esclarecimento.

Para não ludibriarem seus alunos, devem fazer os cursos e receber as Sintonias correspondentes, ou deixar de utilizar os nomes Reiki ou Sistema Usui.

Àqueles que possuem habilidades pessoais, entre as chamadas paranormais, utilizando ou não suas mãos, convidamos a entrar em contato com mestres devidamente preparados no Sistema Usui, a fim de acrescentá-lo ao que a natureza já lhes concedeu.

Aos mestres de Reiki que nos leem, e especialmente àqueles que podem contribuir com críticas para melhorar nossos conceitos, convidados para que entrem em contato e enviem seus comentários.

Os autores

Prólogo à edição brasileira

Em 1991, ficamos muito interessados na técnica de cura com as mãos denominada Reiki, pois já vínhamos há algum tempo estudando práticas alternativas de cura.

O Reiki nos pareceu uma ideia muito interessante. Porém, tudo o que sabíamos era que, aliada a uma técnica extremamente simples, era necessária a iniciação por um mestre de Reiki. Naquela época, entretanto, havia poucos mestres no Brasil. A bibliografia era escassa. Não existia nenhuma publicação em língua portuguesa. A dificuldade para obtermos mais informações que nos assegurassem o valor e a seriedade do trabalho retardou, de algum modo, nosso contato com Reiki.

Posteriormente, já iniciados, nos defrontamos com outro problema. Como abordar os casos especiais que se apresentavam a nós? O Reiki tem sido, por tradição, transmitido oralmente. E entendemos que deve continuar assim. Mas, em um seminário de fim de semana, é impossível que o mestre aborde todos os casos que podem ser tratados com essa técnica. Embora todos os mestres que conhecemos costumem distribuir apostilas para os iniciantes, elas sempre são sucintas e, naturalmente, abordam apenas o autotratamento e o tratamento básico a outras pessoas.

A intuição é um excelente guia para orientar os tratamentos, talvez o melhor. Mas ela só é obtida com muita dedicação. É preciso ter muito cuidado para não confundir as criações mentais, mascaradas de intuição, com a intuição verdadeira. Surge então a pergunta: onde o praticante pode encontrar a orientação segura? A resposta é muito simples: na experiência de praticantes veteranos! Mas, para que isso seja possível, é fundamental que praticantes treinados coloquem suas experiências à disposição da comunidade de reikianos. Em outras palavras, precisamos compartilhar nossas experiências. Este é o segredo: compartilhar. Como nos ensina o livro *Um curso em milagres**, *"Para ter, é preciso dar tudo a todos"*.

Cremos ser muito fácil compreender nossa alegria quando tivemos a oportunidade de manusear as provas da edição em espanhol desta obra. Ela contém tudo aquilo que acreditamos ser necessário vir a público de uma forma honesta, clara e abrangente. Seguramente este livro é muito superior a todas as publicações que já tivemos a oportunidade de ler. Imediatamente fomos tomados pelo desejo de vê-la editada em português, à disposição do público brasileiro. Essa foi a forma que encontramos para compartilhar a graça que se constituiu para nós a leitura deste livro. Estamos seguros de que ele poupará os leitores das dificuldades iniciais com as quais nos defrontamos.

Foi assim que nos dispusemos a traduzi-la. Hipotecamos todo o nosso amor por Reiki e aos leitores neste trabalho. Procuramos manter a tradução o mais fiel possível ao pensamento dos autores. Assim, muitas horas foram dedicadas, conjuntamente com Oriel Abarca, na conferência, em que se fazia necessária a interpretação do texto. Contamos ainda com a ajuda inestimável do professor Aurélio Rinaldi Nascimento, de Tubarão, Santa Catarina, a quem agradecemos a preciosa contribuição.

Se você já foi iniciado em Reiki por um mestre, este livro pode ser usado como um manual de trabalho. E se ainda não foi, ele lhe dará uma ideia precisa do que é o Reiki – Sistema Usui

---

*©Foundation for Inner Peace, *Um curso em milagres*. Editora Sinergia-Prestígio Foundation for Inner Peace, Califórnia, 1994, 1ª edição, p. 112.

de Harmonização Natural, ajudando-o a distingui-lo de outras práticas que têm sido divulgadas com a mesma denominação.

Caso tenha interesse em ser iniciado, leia com muita atenção o capítulo 5 do Apêndice. Ali encontrará indicações precisas de como aprender. Lembre-se de que Reiki não é a única técnica de cura com as mãos. Tampouco é simplesmente apenas mais uma. Reiki é uma arte que alia simplicidade, amor e eficácia. Podemos também afirmar que é um estilo de vida e um caminho de crescimento espiritual.

Os tradutores

1
O que se aprende

A leitura deste livro, ou de outro texto sobre o Reiki, pode induzir à pretensão de praticá-lo sem a *Sintonização** que é exigida do Mestre de Reiki. Isso é muito perigoso, já que, nesta circunstância, a energia pessoal está envolvida.

Quando aproximamos nossas mãos do corpo de outra pessoa, as energias se intercomunicam produzindo uma união energética, sendo imprevisíveis as consequências deste intercâmbio. Para evitar essas situações, quem deseja praticar Reiki deve assistir a um seminário ministrado por um mestre.

A *Sintonia* com a Energia Vital que o mestre efetua pessoalmente em cada um dos alunos é a desenvolvida pelo Dr. Usui em seu Sistema de Harmonização Natural.

O indivíduo, uma vez sintonizado como canal de Energia Vital, o é por toda a vida. Além disso, a *Sintonia* evita que as energias pessoais se envolvam nos tratamentos.

É muito importante levar em conta que o Sistema Usui *não* é nossa própria energia harmonizada.

Como praticantes somos canais de energia *Ki*, que flui através de nossas mãos para que o receptor aceite esse convite de conectar-se com a Harmonia Cósmica, à qual pertence.

---

*Em alguns textos menciona-se, no lugar de *Sintonização*, o termo *Bênção*. *Bênção* é uma transferência de Forças. Abençoar quer dizer aproximar-se dos santos, que constituem a forma mais elevada de Energia Cósmica. Sintonia corresponde à tradução do verbo inglês *to attune*, que também significa *afinar* (instrumento musical).

Quando alguém recebe uma sessão de Reiki e se sente bem, desfrutando deste encontro consigo mesmo, pode chegar a pensar que isso se produz graças à energia pessoal do reikiano. Não é assim. Trata-se da Energia Vital da qual o operador é simplesmente um canal.

A partir dessa compreensão, aprendemos que o encontro é possível, e que temos nas mãos a possibilidade de melhorar nossa qualidade de vida e a daqueles que estão à nossa volta.

Reiki é um aprendizado contínuo, é vida.

Convém mencionar que cada mestre possui um certificado que o habilita e deve outorgar a seus alunos o certificado correspondente a cada nível dessa técnica.

2
Sistema Usui de Harmonização Natural

É importante buscar precisão nas palavras para definir o que podemos fazer quando aprendemos Reiki. Buscamos em dicionários etimológicos e encontramos as raízes das palavras sanar, curar e harmonizar.

Sanar provém do latim *sanare* e significa devolver ou recobrar a saúde. A palavra curar vem do latim *curare* e significa ocupar-se de, preocupar-se com, ajudar, aplicar remédios. Essa palavra é usada pela medicina alopática e homeopática, quer dizer, o uso de medicamentos é obrigatório.

A maioria das traduções que encontramos, em vários livros sobre Reiki, provém do inglês, já que sua difusão no Ocidente se deu a partir do Havaí, Estados Unidos.

Sanar, em inglês, se diz *healing*. Esta palavra vem do verbo *to heal*, que geralmente se traduz como sanar, curar, cicatrizar ou recuperar a saúde. Sua raiz se encontra intimamente unida ao vocábulo *whole*, que significa todo, totalidade, soma, conjunto, e a *holy*, que quer dizer sagrado, assombroso, inacreditável, holístico (termo tão em voga nos últimos anos), dando a entender que o ser humano é compreendido como uma unidade e não como partes separadas que funcionam independentemente do Todo.

Em seu livro *A semente de mostarda*, Osho insiste particularmente nesse conceito. Relaciona-o com a mensagem de Jesus explicando que, quando Ele dizia a seus apóstolos *sanem os que estiverem doentes,* queria expressar que, desde o momento em que uma pessoa se encontra sã, ela está em *seu centro* e, funcionando a partir de *seu centro*, descobrirá sua verdade na vida e se encontrará consigo mesma por completo. Dessa maneira, a pessoa saberá quem é na realidade, qual é sua identidade e seu lugar neste mundo.

Após termos buscado definições e estudado em profundidade esses termos, concluímos que para o que chamamos Reiki na verdade deveríamos continuar denominando *Usui System of Natural Healing*, atribuindo assim exatidão à tradução "Sistema Usui de Harmonização Natural". A partir daqui se depreende que sua prática nos ajudará a encontrar nosso centro de maneira holística, completa, integral, levando em conta os planos físico, emocional, mental e espiritual. Só quando existe harmonia é possível fazer contato com o nosso centro.

Em várias traduções, notas, publicações e pequenos manuais, assim como em programas de rádio, televisão e conferências, encontramos o uso indiscriminado de termos que podem induzir a equívocos muito sérios para os que praticam são submetidos ao tratamento de Reiki. Neste livro tentaremos utilizar o vocabulário adequado levando em conta as seguintes palavras-chave:

Praticante ou *operador*: aquele que efetua o tratamento.
Receptor: aquele que recebe o tratamento.
Sessão: encontro de uma hora ou mais de duração, que é essencial para o tratamento.
Tratamento: conjunto de sessões programadas com antecedência.
Harmonização: o que se quer obter administrando um tratamento.
Canal: conduto por onde circula a energia.
Sintonização: cerimônia onde o mestre habilita o praticante como canal da energia *Ki*.

Seminário: reuniões vivenciais nas quais os praticantes aprendem a técnica e recebem as sintonizações correspondentes.
Sintoma: indício de que algo está ocorrendo ou que vai ocorrer.
Reiki: encontro energético alcançado através do Sistema Usui de Harmonização Natural.

3
O *Ki*

Ki é uma palavra de origem japonesa que se refere à Energia Vital que todos os seres vivos possuem.

Na Índia denomina-se *Prana* a força que se encontra em todos nós. Essa energia pode ser captada de diferentes maneiras. As raízes destas técnicas se perderam no tempo, porém ainda estão vivas graças à força das tradições dos povos que ali habitam.

Uma dessas técnicas é o *Pranayama*, baseada na respiração. Inicialmente, se realiza uma exalação completa que promove uma troca de ar dos pulmões. A seguir, regulam-se a inspiração e a expiração conseguindo-se, no primeiro caso, maior energia e, no segundo, um efeito sedativo.

Os indianos afirmam que pelo nariz obtemos o *Prana*, a Energia Vital existente no ambiente. É por isso que fazem questão de que todo o processo respiratório ocorra pelo nariz. Eles exemplificam isso claramente ao dizerem que respirar pela boca equivale a comer pelo nariz.

Podemos absorver ainda o *Prana* que existe nos alimentos naturais, através das papilas gustativas. Quanto mais tempo mantivermos os alimentos (não industrializados) na língua, maior será a quantidade de *Prana* que obteremos.

Por outro lado, os indianos fazem uma diferenciação entre inalar pela narina direita ou pela esquerda. O canal esquerdo, chamado *Ida*, corresponde à natureza feminina, à natureza visual, emocional; é o canal portador de correntes lunares.

Um dos exercícios propostos é deixar a narina direita tampada durante o dia, para equilibrar a energia solar que se recebe durante as horas diurnas.

O canal que corresponde ao lado direito, *Pingala*, é portador das correntes solares de natureza masculina, elétrica, verbal, racional, e proporciona grande vitalidade.

Eles aconselham manter a narina esquerda tampada durante a noite, para se alcançar o equilíbrio durante as horas noturnas.

Os chineses falam de *Chi*. O segredo da circulação do *Chi* foi transmitido durante milhares de anos. *Chi* é a força primordial de vida; começa quando o espermatozoide atravessa o óvulo. É o contínuo fluir da energia que une os diferentes tecidos, órgãos, funções cerebrais, formando um todo unificado, uma pessoa, e funciona, por sua vez, unindo o indivíduo com tudo à sua volta.

Desde o momento em que nascemos, a energia se divide entre as partes frias e as quentes do corpo. Existem dois tipos de energia: *Yin* e *Yang*. A energia *Yin* está relacionada com o feminino, o frio, a passividade, e a *Yang*, que exemplifica o calor, com o masculino e a atividade.

No feto, as energias *Yin* e *Yang* estão perfeitamente equilibradas numa espécie de tênue mistura. Ao alcançarmos a idade adulta, a energia quente, *Yang*, já subiu de maneira gradual para a parte superior do corpo, a que contém os órgãos vitais como o coração, o fígado, os pulmões e o cérebro. A energia fria, *Yin*, já se alojou nas pernas, genitais e baixo abdômen.

A perfeita circulação energética que desfrutávamos quando éramos bebês ainda não havia sido prejudicada pelo estresse da vida cotidiana.

A acupuntura, que foi a maneira como os chineses lograram restabelecer o equilíbrio do fluxo do *Chi*, era utilizada no começo como uma forma de medicina preventiva. Os melhores médicos da China eram aqueles que evitavam, acima de tudo, que seus pacientes adoecessem.

Os cristãos falam de *Luz*, de *Espírito Santo*. Uma grande quantidade de afrescos e pinturas tem representado uma resplandecência sobre as cabeças de muitas figuras. Existem relatos bíblicos que falam de como o *Espírito Santo* desce sobre os homens levando-lhes Energia Vital e harmonia.

A religião cristã faz contato através da oração, da invocação, e seus sacerdotes recebem uma formação iniciática.

Na antiga União Soviética, os pesquisadores científicos têm falado e desenvolvido teorias acerca da Energia Bioplasmática.

Os judeus falam de *Nefesh*, que significa energia de vida em seu mais alto grau, aquela que um devoto pode contatar através do estudo do Torá e ações meritórias segundo a Cabala.

Os egípcios falam de *Ka*.
Os gregos de *Pneuma*.
Os sufis de *Baraka*.
Os alquimistas de *O Fluido da Vida*.
Hipócrates de *O Poder de Sanar a Natureza*.
O Barão Reinchembach de *Força Ódica*.

Todas estas denominações para a mesma energia têm suas diferenças na prática. Podemos dizer que, enquanto alguns entram em contato com esta energia, fundamental para o equilíbrio de suas vidas, mediante complexos exercícios físicos, respiratórios, acupuntura etc., o Sistema Usui de Harmonização Natural permite canalizar e transmitir esta energia através das mãos. Sua completa metodologia, apesar de simples, não deixa de ser extraordinária.

Uma vez mais nos defrontamos com a importância do simples, que nos maravilha a cada dia: um raio de sol, a beleza da chuva, a pureza do amor, o dar e receber e o poder de fazer contato com a energia de Reiki a cada vez que o desejarmos ou necessitarmos.

4
As mãos

As mãos podem representar muitas coisas, porém podemos sintetizar dizendo que são para dar e receber.

Em Reiki, desempenham o importantíssimo papel de serem transmissoras da energia *Ki*. Cada vez que oferecemos nossas mãos, estamos também recebendo.

Sentimo-nos honrados de que alguém possa necessitar de algo que nós podemos dar, apesar das dúvidas e do ceticismo de quem, pela primeira vez, recebe uma sessão. Comovem-nos a aceitação e a confiança de quem se coloca em uma posição de entrega absoluta para receber.

Ninguém sabe o que vai ocorrer até que o experimenta. Existem muitas pessoas que, logo após receberem o primeiro nível, desejam comprovar o que são capazes de fazer. Experimentam quase brincando; dão-se autotratamento, praticam com seus companheiros de seminário, seus familiares, suas plantas ou animais de estimação.

São, por acaso, também capazes de receber?

Além de procurar a aceitação e o agradecimento dos outros, podem também aceitar e agradecer?

Esse ponto é de vital importância: *todos devem dar e receber Reiki*.

Insistimos veementemente neste aspecto durante os seminários, porém aqueles que estão entusiasmados em dar e comprovar tudo o que Reiki é capaz de fazer, deveriam também compreender a importância de *receber*.

A partir do momento em que formos capazes de uma e de outra coisa, nossa atitude mental será diferente. Entenderemos que é tão prazeroso dar Reiki quanto recebê-lo de outra pessoa.

Convém destacar, do mesmo modo, que a Sra. Takata* alcançou resultados porque, em primeiro lugar, o experimentou em si mesma e, ao descobri-lo, seu desejo de trazê-lo ao Ocidente e compartilhá-lo com as pessoas foi tão grande que foram feitas todas as concessões necessárias para que isso fosse possível.

Todos aqueles que desejam contatar a Energia Universal podem fazê-lo dando ou recebendo Reiki.

---

*Hawayo Takata (1900-1980), terceira e última Grand Reiki Master. (ver capítulo 10.)

5
Uma técnica do coração

No Ocidente muitos se perguntam como é que o Japão, sendo um país que figura entre os mais modernos e avançados do mundo, conserva um sistema de escrita tão complicado e, aparentemente, arcaico.

O sábio coreano Ajiki introduziu o confucionismo no Japão por volta do século III, levando a este país a cultura chinesa e, com ela, sua escrita.

No século VI teve lugar uma nova invasão cultural com o aparecimento do budismo e foram adotados os ideogramas chineses com pronúncia japonesa; logo foram incorporados sinais com a fonética chinesa.

No Japão moderno são utilizadas duas formas de escrita: o *Kanji* ou ideogramas chineses e os silábicos *Kanas* (*Hiragana* e *Katakana*).

Os *Kanjis* são usados para escrever as raízes das palavras, as palavras compostas e os nomes próprios japoneses. Até bem pouco tempo eram empregados 7.000 *Kanjis* diferentes. Em 1946, o governo autorizou 1.850 *Kanjis* para os periódicos e as escolas.

Existem muitas razões que justificam o fato de os japoneses, ainda hoje, continuarem usando os *Kanjis*. Em primeiro lugar, o japonês é uma língua muito rica em vocábulos, ainda que pobre foneticamente. Possui palavras únicas para expressar conceitos ou matizes para os quais o espanhol e o português utilizam várias. Além disso, esse idioma é falado por mais de 100 milhões de pessoas, com um nível cultural muito alto.

O Japão é um país tradicionalista e o *Kanji* faz parte da personalidade nacional. O sistema de escrita ideográfico cria uma mentalidade mais predisposta à análise que à síntese.

O oriental possui uma mente indutiva, em vez de dedutiva como a do ocidental. A capacidade do japonês para obter resultados diante de premissas abstratas é inferior à do ocidental. Consideramos que sua facilidade para analisar e aprofundar um determinado objetivo é muito superior.

A lógica cartesiana baseia-se na dedução, enquanto que para os japoneses é mais importante a impressão que lhes produzem os fatos, o que os levam muitas vezes a agirem baseados na intuição, surpreendendo o seu interlocutor ocidental.

O pictograma japonês que representa o coração é *Kokoro*. Embora originalmente simbolize o coração como órgão fisiológico, é empregado mais no sentido de *coração-sentimento*, como nas línguas ocidentais. Além disso, o sinal *Kokoro* também significa *mente*. Enquanto para os ocidentais existe uma associação *mente-cérebro*, para eles a associação é *mente-coração*.

Esse fato ajuda a explicar o que já foi exposto anteriormente, ou seja, a primazia que o oriental concede ao afeto e à intuição, em oposição ao frio raciocínio ocidental.

A partir da compreensão da escrita japonesa, podemos fazer observações que nos ajudam a entender aquilo que denominamos *complicada mentalidade oriental*.

Tudo isso nos permite ver que Usui*, ao desenvolver seu Sistema de Harmonização, utilizou como porta de entrada

---

*Mikao Usui (ver capítulo 8).

seu coração e não seu raciocínio. Em seguida, organizou tudo o que recebeu de modo lógico e racional. É por isso que devemos abrir primeiro nosso coração, antes de tentar compreender racionalmente essa técnica.

6
Relatos de fatos históricos e culturais

A origem do império japonês data do século VII a.C.

Só em meados do século XVI, foi registrado algum contato com a Europa. Em 1549, o missionário português Francisco Xavier, da ordem dos jesuítas, foi ao Japão fazer sua catequese. Percorreu, entre outras, as cidades de Satsuma, Hirado e Kyoto, deixando nelas a semente do cristianismo.

Esse contato com a Europa foi cortado abruptamente em 1615, quando, após uma guerra civil, acentuou-se o isolamento, com o Japão relacionando-se unicamente com a China e a Coreia.

Dois séculos e meio depois, em 1853, China, Coreia e Japão estavam debilitados politicamente por problemas internos. Nesse ano, uma esquadra norte-americana, comandada pelo almirante Perry, ancorou na à costa japonesa e entregou uma carta do presidente dos Estados Unidos exigindo o estabelecimento de relações comerciais.

O governo do Japão teve de aceitar essa exigência; e, em vista disso, França, Grã-Bretanha e Rússia se somaram à pressão dos Estados Unidos.

O Japão transigiu. Porém, o orgulho nacional ferido ocasionou uma série de guerras civis e, em 1867, mudou a forma de governo em virtude da vitória do imperador Mutsu Hito.

O feudalismo acabou, foi promulgada a constituição, teve início a assimilação da tecnologia e cultura ocidentais e a expansão do império japonês.

Este capítulo visa facilitar o entendimento da recente permissão para o ingresso, na década de 1970 do século passado, de religiosos cristãos vindos dos Estados Unidos e da decisão natural do monge cristão Mikao Usui em aprofundar os seus estudos neste país.

O monge cristão Mikao Usui foi um grande investigador do judeu-cristianismo, do confucionismo e do budismo. Na Universidade de Chicago doutorou-se em Teologia e retornou ao Oriente para continuar sua instrução em busca de um sistema que permitisse curar o corpo de modo similar ao de Jesus e Buda.

Ele percorreu parte da China, o norte da Índia e o Nepal. Voltou ao Japão e, em um mosteiro Zen na cidade de Kyoto, encontrou antigos textos Sutras budistas.

A partir dessa busca, que lhe consumiu vários anos, o Dr. Mikao Usui conseguiu canalizar a energia *Ki* através de suas mãos e transmitir a outros esse conhecimento, que hoje chamamos Reiki.

O fato de o mundo estar comprometido com a voragem da guerra dificultou a conservação dos dados. Além disso, não foram mantidos por escrito, já que tanto o trabalho de Usui, quanto o de seus seguidores, se realizou de forma hermética.

Sabe-se que no início deste século Usui já possuía sua técnica, havia trabalhado intensamente na prática do sistema de harmonização e na formação de alunos, que deram prosseguimento a ela.

Um deles, o doutor em Medicina Chujiro Hayashi*, a quem Usui nomeou seu sucessor, manteve, na sua clínica em Tóquio,

---

*Chujiro Hayashi (1878-1941), segundo Grand Reiki Master. (ver capítulo 9.)

a aplicação do sistema Usui por mais de vinte anos, durante os quais tratou com êxito todos os tipos de casos. Contudo, esse sistema não chegou a ser difundido maciçamente em consequência do custo e da duração dos tratamentos.

O Dr. Hayashi encontrou, entre seus pacientes, uma mulher de 35 anos empenhada em aprender a técnica para aplicá-la em si mesma e levá-la ao Ocidente. Esta mulher, proveniente do Havaí, chamava-se Hawayo Takata e foi, mais tarde, o meio que Hayashi encontrou para salvar Reiki quando a Segunda Guerra Mundial se fez iminente. Até então, segundo a tradição japonesa, só se haviam formado discípulos do sexo masculino que seriam, inevitavelmente, combatentes nas fileiras do exército.

Hawayo Takata é, então, a destinada a levar seus conhecimentos ao Ocidente. Mesmo antes da guerra, colocou-os em prática no Havaí e, depois, difundiu-os na parte continental dos Estados Unidos. A partir de 1970, e até 1980, decidiu iniciar 22 mestres para que eles transmitissem esse conhecimento por todo o mundo.

7
O ideograma

霊気

Reiki é um ideograma de origem japonesa que tem várias leituras, segundo o contexto de símbolos e ideogramas em que se encontra.

Significa: *Chuva Maravilhosa de Energia Vital* ou *Chuva Milagrosa que dá vida,* porém é mais do que isso.

Em alguns casos, este ideograma é reforçado por pequenas formas que representam grãos de arroz, como símbolo de vida. É a ideia de algo que vem do cosmos e que, em seu encontro com a terra, produz o milagre da vida.

Leia detidamente e trate de *SENTIR* em você esta ideia: *Chuva Maravilhosa que produz o milagre da vida.* Trata-se de *SENTIR,* não de pensar.

Sinta você as seguintes ideias:

Prana
Energia Bioplasmática
Mana

Sopro de Vida
Energia Vital Universal
Espírito Santo
Energia Cósmica
Chuva Milagrosa
Grande Espírito Universal

A conjunção *Rei* e *Ki* do ideograma dá uma ideia de pertinência e de ida e volta, algo como a comunhão entre uma energia superior com uma mais terrena, porém que se pertencem mutuamente.

Você tem outro nome para essa ideia de uma energia maravilhosa que *está acima de todas as demais e que, além disso, está em você e que você pertence a ela?*

Releia o parágrafo acima.

Sinta-o com todas as suas mais profundas crenças, seu Deus, sua religião, seus mestres espirituais, sua cultura.

Sinta-o!

8
Mikao Usui

No final do século XIX, o monge Mikao Usui dirigia uma pequena universidade cristã, em Kyoto.

Um grupo de seminaristas, que concluía a sua formação, perguntou-lhe por que ele não ensinava a *forma* para a sanação* do corpo, tal como Jesus a transmitira a seus discípulos. Usui respondeu que não a conhecia, que simplesmente tinha fé nas Escrituras.

Os mais jovens disseram que, para eles, isso não era suficiente. Os estudantes tinham dúvidas procedentes e ele não podia dar-lhes respostas, porque tampouco as possuía. Porém, não podia ficar sem respostas, nem para si, nem para os alunos.

Mikao Usui renunciou ao cargo de diretor da universidade e reuniu-se ao grande grupo de estudantes de diversas disciplinas que, com a abertura e intercâmbio da Dinastia de Meiji, viajava aos Estados Unidos.

Lá, matriculou-se na Universidade de Chicago onde, depois de sete anos, doutorou-se em Teologia. Paralelamente, ampliou seus conhecimentos em línguas arcaicas e investigou os ensinamentos budistas, consciente de que Buda teve o dom de curar.

---

*Utilizamos o neologismo "sanação" para exprimir o significado de *sanación*, que não tem correspondente em português e, em espanhol, é diferente de "cura". Ver capítulo 2 para uma explicação detalhada da diferença entre "curar" e "sanar". (*N. dos T.*)

Apesar dos anos de busca, Usui nada encontrou. Contava somente com sua paixão para chegar a uma resposta.

Na plenitude de sua vida e mais conhecimento em disciplinas espirituais, voltou para o Oriente para continuar o seu trabalho.

Usui começou sua peregrinação em muitos dos 880 templos budistas de Kyoto onde, perguntando a uns e outros, encontrou, em um mosteiro Zen, um velho monge interessado no tema da cura. Permaneceu ali, amparado pela orientação e experiência do ancião investigador, consultando e estudando antigos textos Sutras budistas.

Em sua necessidade de respostas, concluiu a aprendizagem do idioma chinês e logo aprendeu sânscrito para poder ler as escrituras budistas, tal como haviam sido concebidas.

Haviam transcorrido sete anos desde o seu regresso a Kyoto. Por fim, em um antigo texto escrito em sânscrito por um discípulo de Buda, Usui encontrou os símbolos e a descrição de como Buda curava.

Seria preciso preparar-se para aplicar esta descoberta, porém devia compreendê-la primeiro. Saber como, quando e onde aplicá-la.

Nessa busca, conversou com o velho monge e partiu para o Kuriyama, a montanha sagrada. Deveria meditar e jejuar, como os antigos mestres, para encontrar o significado daqueles símbolos para a cura. Ficaria 21 dias à espera da Revelação do Conhecimento.

Na solidão da montanha, Usui juntou 21 pedras que lhe serviriam de calendário. A cada dia jogaria fora uma delas.

Enquanto os dias passavam, em absoluto jejum, meditou e orou pedindo ao Criador que o iluminasse para o discernimento daquilo que havia achado e não sabia como utilizar.

No vigésimo primeiro dia lançou a última pedra implorando por uma resposta. Sucedeu, então, que uma intensa luz branca o golpeou de frente e os símbolos, que até então não sabia aplicar, tornaram-se claros ao seu espírito aparecendo algumas vezes em meio a resplendores dourados. O jejum e a meditação ampliaram as fronteiras da sua consciência.

Despertou naquela manhã cheio de força e plenitude. Com entusiasmo, desceu a montanha correndo, espantado com a vitalidade física e mental, apesar dos dias de retiro e jejum.

Porém, aquele júbilo foi interrompido pela dor. Na pressa de voltar ao mosteiro Zen com as revelações, tropeçou numa pedra. Seu pé doía e sangrava. Triste, segurou-o com ambas as mãos e, quase de imediato, parou de sangrar e a dor diminuiu. Usui tinha consigo a chave da sanação que tanto havia procurado.

No caminho de regresso ao mosteiro Zen, entrou numa pousada onde pediu algo para comer e beber. Ali se encontrava a neta do dono da pousada, com seu rosto inchado e dolorido. O monge perguntou-lhe se poderia tocar o lugar onde tanto lhe doía. Obteve, então, a segunda comprovação de sua descoberta: a criança deixou de sentir dor, o inchaço desapareceu e, em meio ao assombro e ao reconhecimento, lhe disse: "Você é um monge especial, curou-me."

Do mesmo modo, ao chegar ao mosteiro, aliviou o monge da dor de artrite, um mal que o afligia há muitos anos e que o tinha prostrado e condenado praticamente à imobilidade.

Depois de algumas semanas junto ao ancião, Usui decidiu sair para praticar sua descoberta além dos muros do mosteiro.

Escolheu caminhar pelas ruas de Kyoto até o bairro onde se agrupavam os mendigos e aleijados. Curou primeiro os mais jovens e mandou-os procurar trabalho. Fez a mesma coisa com os mais velhos e orientou-os, também, para que ganhassem a sua vida, sem ter que mendigar.

Cumprida essa etapa, pôs-se a percorrer caminhos, cidades e aldeias repletos de indigentes e enfermos ajudando-os com a técnica que havia aprendido.

Durante sete anos, esse foi o seu trabalho. Depois daquela peregrinação pelo Japão, voltou a Kyoto e foi tomado pela decepção e pela tristeza. Muitos daqueles que ele havia ajudado e induzido a se manter com um trabalho honesto haviam voltado à mendicância.

Quando lhes perguntou por que podendo trabalhar não o faziam, responderam-lhe que era mais fácil mendigar do que se esforçar no trabalho. Naquele momento, compreendeu que todo o esforço realizado para beneficiar o próximo com aquilo a que dedicara tantos anos de sua vida para investigar e provar não fora suficiente. Percorreu, então, o mercado portuário (centro nevrálgico da cidade) portando em suas mãos uma grande tocha, em plena luz do dia, e discursando para todos aqueles que quisessem conhecer sua verdade.

Clamou que tinha de transmitir um saber para curar um corpo enfermo e os que estivessem dispostos a aprender deveriam segui-lo. Em verdade, dezoito homens o escutaram. A eles começou a ensinar como curar o corpo, além de transmitir-lhes também as regras de vida para alcançar a harmonia dos corpos físico, emocional, mental e espiritual.

Entre os discípulos de Usui se destacou a figura de Chujiro Hayashi, médico da Marinha Imperial, que seria o destinatário daquela tocha de vida que Usui acendeu.

Regras de vida do Dr. Usui

Só por hoje, não te preocupes.
Só por hoje, não sintas raiva.
Só por hoje, honra teus pais,
mestres e anciãos.
Só por hoje, ganha a vida honradamente.
Só por hoje, sente gratidão por todo ser vivo.

9
Chujiro Hayashi (1878-1941)

História da experiência clínica

Quando um mestre decide iniciar outro como seu sucessor, sabe ou pressente o que espera do iniciado. E o novo mestre sabe que deve encontrar uma tarefa prioritária a realizar e que deve dedicar sua vida a ela.

Não se tem conhecimento de quais eram as expectativas de Usui e de Hayashi quando este último tomou a tocha que Usui lhe ofereceu.

Do nosso ponto de vista, parece lógico que um doutor em Medicina pudesse realizar, em sua própria clínica, acompanhamentos sistematizados das pessoas tratadas com Reiki e, assim, apresentar os resultados ao mundo científico.

O Dr. Hayashi montou uma clínica especializada em Tóquio, que chegou a ser reconhecida como uma alternativa válida para todos os casos.

Devemos recordar que, naquela época, os riscos cirúrgicos eram enormes e que a penicilina só foi mundialmente difundida em 1945.

Os tratamentos feitos na clínica de Hayashi eram administrados ao longo do dia, em quantidade variada, e prolongavam-se durante alguns meses.

Isso os tornava sumamente onerosos, já que o interessado devia internar-se e, portanto, dispor de tempo e dinheiro, sendo acessível somente às classes mais altas.

Contudo, Hayashi, sem apoio estatal e sem uma grande fortuna pessoal, instalou-se e, graças aos excelentes resultados obtidos, se manteve através daqueles que queriam e podiam arcas com os gastos de seus tratamentos.

Sendo mais ligado às coisas da terra que Usui, Hayashi sabia que a prova de fogo para qualquer proposta passava pela aceitação dos que têm possibilidade de escolher.

Sabemos que ele trabalhou muito e que sua famosa clínica em Tóquio, muito próspera, foi visitada pelo imperador.

A partir de sua pesquisa, Hayashi escolheu o caminho mais difícil, porém o único possível para apresentar Reiki ao mundo.

Não se apropriou da técnica. Pelo contrário, encarregou-se de divulgar o trabalho de seu mestre Usui e, graças à sua tarefa empreendida e continuada com grande envergadura moral, resguardou-a, e manteve-se fiel aos ensinamentos.

Hayashi era um homem prático e bastante criterioso. Não somente adotou Reiki para acrescentá-lo a seus conhecimentos de medicina, como também permitiu-se iniciar como mestra uma mulher, a Sra. Hawayo Takata. Até aquele momento, só homens podiam praticá-lo.

Fez mais ainda: para conservar essas técnicas e os trabalhos realizados através dos anos, nos últimos momentos de sua vida, Hayashi deixou a essa mestra o legado de sua clínica, com todo o material de investigação recompilado.

Olhando hoje em perspectiva a trajetória de Hayashi, compreendemos que ele foi a conexão entre Dr. Usui, com sua formidável descoberta, e Hawayo Takata, sua continuadora no Ocidente.

A importância do Dr. Hayashi alcança toda a sua dimensão ao analisarmos detidamente os capítulos 13 e 14. Neles encontramos a síntese que alcançou depois de muitos anos de trabalho e análise. Essa síntese, tão perfeita, só poderia ser realizada por uma pessoa que se entregasse de corpo e alma à descoberta da maravilha e profundidade dessa técnica.

Somente após a tarefa do Dr. Hayashi, Reiki ficou estruturado permitindo que todas as pessoas deste planeta possam utilizá-lo, sem conhecimentos especiais.

10
Hawayo Takata (1900-1980)

No ano de 1900, na ilha havaiana de Kawai, arquipélago anexado em 1898 ao território dos Estados Unidos, um casal de imigrantes japoneses decidiu homenagear a nova terra que o havia recebido, colocando em sua filha recém-nascida o nome Hawayo.

Filha de pais camponeses, ambos trabalhadores incansáveis, Hawayo não foi favorecida com uma estrutura física tão forte como a de seus pais. Esse fato se evidenciou quando, aos 12 anos, junto de seus companheiros da escola pública a qual estudava, foi trabalhar em uma plantação de açúcar.

A criança contava com entusiasmo e grande força de vontade, porém, ainda assim, somente conseguia cumprir com a sua tarefa diária.

Era pequena e frágil de modo que, quando aquele verão de trabalho no campo chegou ao fim, Hawayo, olhando suas frágeis mãos, pediu a Deus que lhe permitisse ter algum outro encargo com aquelas mãozinhas tão pouco adequadas aos trabalhos agrários.

Seus pais, ao se inteirarem das dificuldades, conseguiram que o sacerdote, que dirigia a escola religiosa do povoado, admitisse ali para estudar. Em troca, ensinaria aos alunos do primeiro grau e executaria algumas tarefas menores na escola onde, por causa da distância de sua casa, deveria viver dali em diante.

Em 1914, Hawayo morava ainda na escola e desempenhava as mesmas tarefas. Paralelamente, começou a trabalhar algumas horas como vendedora em um negócio de Lihue e, durante os fins de semana, trabalhava em um restaurante da região. Isso lhe permitiu ganhar mais e continuar seus estudos, aos quais acrescentou aulas diárias de japonês.

Por aqueles dias, ofereceram-lhe um emprego em uma residência familiar, onde trabalhavam cerca de vinte pessoas. Com o consentimento de seus pais deixou a escola, aceitou o trabalho e ali permaneceu durante vinte anos chegando a ser governanta, tendo todo o pessoal sob sua responsabilidade.

Hawayo se casou com Saichi Takata, que era contador da residência, e eles tiveram duas filhas. Em 1930, Hawayo enviuvou e as duas filhas pequenas ficaram sob sua responsabilidade. Trabalhou muito durante os anos seguintes, com o objetivo de dar às filhas uma vida e uma educação dignas. Nesse período, uma de suas irmãs veio a falecer.

Diante disso, encontrou-se sozinha no Havaí, já que seus pais tinham viajado ao Japão para visitar sua terra natal.

Esses dissabores, além do excesso de trabalho físico a que se submeteu para manter as filhas com dignidade, afetaram seriamente sua saúde.

Em 1935, decidiu viajar para o Japão, acompanhada das duas filhas e da cunhada, levando as cinzas de seu marido, com o propósito de fazer um ritual no templo budista de Obtani. Depois de cumprir esse compromisso, como sofria de problemas respiratórios e fortes dores abdominais que a impediam de caminhar ereta, internou-se, por insistência de seus familiares, na clínica particular do Dr. Maeda para fazer exames e submeter-se à cirurgia, caso os médicos recomendassem. Hawayo Takata tinha um tumor, cálculos biliares e, aparentemente, uma inflamação aguda no apêndice.

Pronta para a intervenção, enquanto na sala de cirurgias se manipulava o material cirúrgico, Takata ouviu uma voz lhe dizer que as operações não seriam necessárias. Surpresa, abriu os olhos e observou.

Ao perceber que ninguém havia falado com ela, decidiu confiar naquela voz e se negou a ser operada insistindo que deveria haver outra solução para seus problemas.

A irmã do Dr. Maeda, nutricionista, facilitou-lhe a internação na clínica de Reiki dirigida pelo Dr. Chujiro Hayashi.

Transferida para Tóquio, começou a receber dos assistentes do Dr. Hayashi duas sessões por dia durante dois meses.

As dores começaram a diminuir aos poucos e ela se sentiu bem-disposta e com saúde. Eliminou os cálculos biliares e, depois de seis meses, estava restabelecida, com uma grande curiosidade de saber, com exatidão, em que consistia aquela técnica extraordinária.

Apesar de ter feito perguntas aos assistentes do Dr. Hayashi, Takata não havia conseguido que lhe dessem algum fundamento do método. Determinada a conhecer mais, falou com o próprio Hayashi e lhe disse que queria aprender a técnica e levá-la ao Ocidente. Argumentou também que lhe seria impossível viajar ao Japão cada vez que precisasse de tratamento.

Relutante em passar os conhecimentos de Reiki a uma mulher educada no Ocidente, a quem pouco conhecia, Hayashi, após meditar muito e recorrendo à sua grande abertura às novas ideias, aceitou iniciá-la no primeiro nível.

Esta foi uma decisão crucial para o Dr. Hayashi, já que a prática deste tipo de técnica estava reservada aos homens.

A Sra. Takata permaneceu na clínica trabalhando com os conhecimentos do primeiro nível e, em pouco tempo, ascendeu ao segundo nível.

Em 1937, Hawayo Takata voltou à sua terra natal, com a experiência obtida em quase dois anos de intensos trabalhos na aplicação da técnica.

Algum tempo depois, Hayashi e sua filha visitaram o Havaí e, durante seis meses, trabalharam para estabelecer Reiki em Honolulu.

Em 1938, durante a reunião de despedida por seu regresso ao Japão, Hayashi anunciou publicamente que Takata já era uma mestra e a autorizava a transmitir a técnica. Neste mesmo ano, Takata acompanhou uma delegação do Arcebispo à Califórnia, como intérprete de inglês.

A inquieta Hawayo viajou também a Chicago para concorrer ao National College of Drugless Physicians (Universidade Nacional de Medicina sem Medicamentos) e se dedicou ao estudo de diversas terapias e da anatomia humana.

Em dezembro do mesmo ano, visitou Kamuela, a maior ilha do Havaí, e ali pôs à prova a utilização da sua técnica, com dois enfermos que deveriam ser operados dentro de poucos meses, uma vez que as intervenções só seriam realizadas quando estivessem mais fortes e pudessem enfrentá-las.

Takata tratou-os com Reiki e, em pouco tempo, os enfermos se recuperaram e as cirurgias previstas não foram mais necessárias. A partir de então, Takata iniciou numerosos alunos no primeiro nível de Reiki, alguns deles camponeses, que começaram a aplicá-lo em seus animais e sementes constatando que as perdas em suas granjas reduziram-se consideravelmente.

Feliz por ter podido transmitir seus conhecimentos e por eles terem sido bem aproveitados, Takata visitava seus alunos a cada seis meses, a fim de observar seus progressos.

Em 1939, já contava com uma grande casa onde, além de instalar toda a sua família, podia dispor de espaço para fazer seus tratamentos.

Sua fama se estendeu consideravelmente. Foi respeitada e elogiada por cada um dos que tiveram contato com ela. Fiel aos princípios de Reiki, ajudou-os a terem uma melhor qualidade de vida com ensinamentos que anotava de forma detalhada em seus cadernos e divulgava com frequência:

Sentem-se à mesa com pensamentos agradáveis. Não comam quando estiverem preocupados. Deve-se evitar o leite, o açúcar branco ou as féculas se o estômago do paciente é delicado. Com alimentação adequada, o paciente responde com mais rapidez aos tratamentos.

Quando se referia ao tratamento de pessoas sãs, dizia:

Deve-se aplicar diariamente, de forma preventiva. Deus nos deu este corpo, um lugar onde viver e o pão de cada dia. Fomos postos neste mundo com algum propósito e por isso devemos estar sãos e felizes.

Em 1940, por causa de um sonho onde viu o mestre Hayashi vestido com um quimono de seda branca, Takata viajou ao Japão. Hayashi, surpreendendo-se ao vê-la, disse-lhe: *"contudo não a esperava"* e a enviou a Kyoto para estudar hidroterapia.

Em maio de 1941, Takata recebeu a notícia de que Hayashi estava na cidade de Atami, prestes a *"realizar a sua transição"*. Takata foi à casa do médico onde, inexplicavelmente, a família parecia contente, em companhia de vários convidados. Hayashi lhes disse que a transição ocorreria entre uma e uma e vinte da tarde daquele mesmo dia. Naquele momento, nomeou Hawayo Takata como sua sucessora e grã-mestra.

À uma da tarde, o Dr. Chujiro Hayashi entrou na sala onde estavam todos reunidos e, para surpresa de Takata, vestia o mesmo quimono que ela vira no sonho que a fizera viajar ao Japão.

Anunciou a todos, então, a ruptura de uma artéria; algum tempo depois, da segunda. Sua transição, a Grande Viagem, aconteceu tal como a anunciara.

Hawayo Takata, nomeada sucessora do mestre e herdeira da clínica de Hayashi em Tóquio, permaneceu ali por algum tempo para organizar o necessário e, finalmente, regressou ao Havaí com sua família.

Em consequência da Segunda Guerra Mundial, ela perdeu contato com o Japão e, somente com o fim da guerra, Hawayo Takata regressou a Tóquio para assumir o legado de Hayashi.

Como o país havia sofrido grandes mudanças, a clínica estava funcionando, sob o encargo da esposa de Hayashi, como abrigo de refugiados de guerra. Em vista disso, Takata transferiu novamente a propriedade para a Sra. Hayashi e decidiu centralizar Reiki no Havaí.

Durante trinta anos, Hawayo Takata permaneceu em Honolulu transmitindo seus conhecimentos e, em 1973, levou seus ensinamentos de Reiki para Washington, difundindo-os, mais tarde, em outros estados.

Foi nessa etapa de intensa atividade que a grã-mestra decidiu treinar alguns de seus alunos com o propósito de que eles pudessem substituí-la.

Entre 1973 e 1980, pouco antes de entrar em estado de transição, fundou a Associação Americana Internacional de Reiki (AIRA) e deixou 23 mestres com iguais responsabilidades. São eles:

George Araki	Barbara Weber Ray
Barbara McCullough	Ethel Lombardi
Beth Gray	Wanja Twan
Ursula Baylow	Virginia Samdahl
Paul Mitchell	Phillys Lei Forumoto
Iris Ishikuro	Dorothy Baba
Fran Brown	Mary McFadyen

John Gray	Shinobu Saito
Rick Bockner	Kay Yamashita (irmã de
Bethel Phaigh	Hawayo Takata)
Harru Kuboi	Barbara Brown
Patricia Bowling	

A lista acima foi entregue por Hawayo Takata à sua irmã.

Sabe-se que Takata formou alguns outros mestres dos quais não deixou registro. Entre eles há um monge budista japonês, chamado Seiji Takamori, que viajou ao Havaí em 1970 e recebeu instrução inicial e mestrado das mãos de Hawayo Takata. Depois foi viver no Sri Lanka e dedicou a maior parte de seu tempo à meditação nas montanhas.

11
Primeiro nível

Para obter o Primeiro Nível basta tomar a decisão de participar de um seminário ministrado por um mestre de Reiki.

Estes seminários duram de 14 a 18 horas, de acordo com o número de participantes e o ritmo ditado pelo mestre, em conjunto com o grupo que, na maioria dos casos, tem uma dinâmica própria.

A prática nos leva a recomendar que o seminário seja realizado em um fim de semana intensivo, no sábado e no domingo, porém não existe inconveniente em realizá-lo em três ou quatro dias, caso se tenha formado um grupo adequado.

O trabalho é grupal, com teoria e prática do Sistema Usui. Durante o trabalho, há quatro momentos em que o mestre tem encontros individuais com cada um dos participantes, a fim de efetuar a *Sintonia* destes com a Energia Vital (*Ki*).

Todo participante de um seminário torna-se habilitado para a prática de Reiki, isto é, um canal para a transmissão de energia *Ki*.

O seminário de Primeiro Nível é perfeito e completo por si só e habilita o aluno a tratar qualquer ser vivo: pessoas, animais e plantas e, principalmente, si próprio (autotratamento).

A Sintonia é para toda a vida. Não há necessidade de se receber outra Sintonia para recuperar ou melhorar a capacidade de ser canal de energia *Ki*.

Recomendamos praticar em reuniões de troca com companheiros de curso. Nessas reuniões se dão e se recebem sessões.

Isso possibilita ao praticante a experimentação da técnica e a aquisição de segurança com relação à ocorrência de fatos importantes, quando se é canal de energia *Ki*.

O ato de receber sessões conecta o praticante com a experiência de receptor, permitindo-lhe vivenciar o que ocorre ao se receber Reiki, além de ir aprimorando detalhes mais sutis tais como a pressão das mãos, a forma mais prazerosa e conveniente do desenvolvimento de cada sessão.

Apoiar-se na prática o animará a encarar os mais diversos tratamentos, sempre como complemento das terapias que o receptor tiver escolhido.

É conveniente começar consigo mesmo, todos os dias, e dar tratamento a familiares e amigos.

Uma maior prática não melhora a qualidade da energia que flui das mãos do praticante, porém enriquece sua bagagem de conhecimentos com relação ao tempo e posições adicionais (ver capítulo 19).

A partir do primeiro dia do seminário, o operador terá em suas mãos a capacidade de *Harmonizar com Energia Vital* tudo aquilo que tocar.

Deve-se levar em conta o seguinte: o Sistema Usui consiste em um modelo de posições e na duração da aplicação, formando uma perfeita síntese, que permite alcançar os centros energéticos mais importantes (chakras, meridianos e órgãos) e buscar uma harmonização completa (ver capítulos 13 e 14).

12
Segundo nível

O Segundo Nível é para aqueles que, após compreenderem, na prática cotidiana, o sentido de ser canal de energia *Ki*, decidirem adquirir os conhecimentos para efetuar tratamentos utilizando os símbolos que o Dr. Usui autorizou.

Esse nível não é um aperfeiçoamento do primeiro, já que cada um é um módulo que se fecha perfeitamente em si mesmo.

Com isso queremos dizer que de nenhuma maneira pode ficar implícito que um operador de segundo nível é um canal de energia melhor do que um de primeiro nível, nem que seus tratamentos pessoais sejam superiores.

De maneira geral, ao adquirir conhecimentos de segundo nível, revalorizamos profundamente o primeiro e começamos a utilizá-lo com maior assiduidade. Também compreendemos a pequenez que consiste em pretender *controlar* ou *ter poder* sobre outros seres.

Cada símbolo é uma ferramenta de usos múltiplos, e durante os seminários são praticadas algumas formas de utilização dos mesmos. Assim, através da experiência, cada reikiano poderá fazer numerosas combinações de acordo com os conhecimentos obtidos e a sua própria criatividade.

Os autores deste livro concordam que, por simplificação ou desconhecimento, usa-se como sinônimo de Segundo Nível de Reiki *tratamentos mental e a distância*. Falta acrescentar *e no tempo,* pois consideramos o tempo uma medida convencional que os homens adotaram para compreender ou medir o transcurso da vida. Sabemos que o ser humano se movia em um sistema plano e tudo era entendido desta forma. O universo e o planeta eram representados por meio de desenhos planos e toda explicação científica era condizente com as duas dimensões conhecidas.

Quando, em sua evolução, o homem adquiriu consciência de que existe outra forma de ver e de mover-se em uma terceira dimensão, apareceram as mudanças nas pinturas e em seus sonhos. A Terra deixou de ser plana, o Universo deixou de girar em torno da Terra e tudo passou a ter uma explicação cientificamente tridimensional. Hoje, já temos entre nós obras de arte em hologramas.

No Segundo Nível de Reiki temos que refundamentar a maneira atual de explicar os conceitos de tempo mental e de distância.

Quando trabalhamos com os símbolos e enviamos um tratamento a distância, estamos dirigindo a energia para outras direções que não são as do plano físico. A compreensão dessa ideia é a essência do trabalho nesse nível, para o qual é importante haver afinidade entre mestre e aluno.

Cada mestre pode manifestar uma visão diferente de Reiki. Sua valoração será consequência desta visão que, por sua vez, será acrescentada aos conhecimentos e possibilidades pessoais.

Na medida em que o discípulo o deseje, serão transmitidos a ele mais conhecimentos e, em consequência, mais responsabilidade.

É verdade que uma pessoa pode chegar a confundir-se e avançar prematuramente em suas lições, com ou sem consciência do mestre ou do aluno. O que acontecerá, então, é que terá mais informação sem ter compreendido o seu significado profundo.

É importante respeitar o tempo interno de cada um para a elaboração dos conhecimentos. Contudo, é conveniente lembrar que *é impossível causar dano com esta técnica*.

A partir do Segundo Nível vários livros, que teriam que ser modificados continuamente, poderiam ser escritos. É por isso que este capítulo não se encerra.

Podemos dizer que, com o Segundo Nível, se consegue:

Conhecer o Primeiro e Segundo Níveis não habilita o praticante a ensinar essa técnica. O Sistema Usui de Harmonização Natural só pode ser transmitido por um mestre de Reiki.

13
Tratamento básico em outras pessoas

As posições usadas para aplicar Reiki, à direita e à esquerda do receptor, tendem a harmonizar os dois hemisférios do indivíduo.

Os dedos devem ser mantidos juntos e a mão em forma de concha, como se estivéssemos bebendo água, porém sem tensioná-los.

Deve-se buscar sempre uma posição cômoda para o receptor e para o operador (ver capítulo 17).

Lado esquerdo do corpo:
Corresponde ao passado, ao feminino, à energia *Yin*, à nossa parte não racional, intuitiva, criadora e receptiva.

Lado direito do corpo:
Corresponde ao presente e ao futuro, ao masculino, à energia *Yang*, à nossa parte racional e organizadora, à ação, à concretização das ideias ou pensamentos, ao prático e ao crítico.

POSIÇÕES NA CABEÇA

Todas as posições na cabeça alcançam praticamente os mesmos resultados, salvo particularidades específicas que serão detalhadas a seguir, onde se explica a ação da energia *Ki* sobre os diferentes planos.

PRIMEIRA POSIÇÃO

Colocam-se as mãos sobre os olhos e à frente do rosto, tomando cuidado para não tampar nem pressionar as narinas.

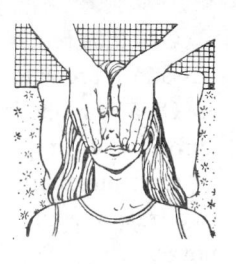

Plano físico

Harmoniza as glândulas pituitária e pineal. Atua sobre os órgãos da visão, os seios frontais, as mucosas, o nariz, os dentes, os maxilares e a mandíbula.

Glândula pituitária: é considerada a glândula principal. Também se denomina hipófise. Localiza-se no centro do crânio, sobre a sela turca. Controla a secreção de quase todos os hormônios do corpo. Influi no crescimento, no desenvolvimento sexual, na fadiga, na gravidez, na lactação, no metabolismo, nas dosagens de açúcar e minerais no sangue, na retenção de fluidos e nos níveis de energia.

Glândula pineal: é uma pequena glândula do cérebro que responde aos níveis de luz que os olhos percebem, graças à secreção do hormônio melatonina. Tem importante papel no estado de ânimo e nos ritmos circadianos.

Muitos fazem referência a esta glândula chamando-a de terceiro olho ou glândula da intuição.

Plano emocional

Protege dos estímulos externos indesejáveis.
Alivia a ansiedade.
Reduz o estresse.

As glândulas representam estações de abastecimento. São o ponto de partida das atividades.

Os olhos representam a capacidade de ver claramente o passado, o presente e o futuro.

O nariz simboliza a capacidade de autorreconhecimento, a aprovação da própria intuição.

Os dentes representam a tomada de decisões. É onde começa o trajeto seguido pelos alimentos, a incorporação de ideias novas.

Os problemas nas mandíbulas correspondem a sentimentos de cólera, ressentimento, desejo de vingança.

Plano mental

Diminui a confusão.

Ajuda na concentração e centralização do indivíduo.

Plano espiritual

Põe em contato com o melhor de si.

Permite perder a sensação de dualidade e alcançar a sensação de unicidade com as leis cósmicas. Ajuda a purificar a consciência e a sua ampliação beneficia o plano da devoção espiritual, favorecendo a meditação e o estado de contemplação.

Sexto Chakra, Ajna ou Terceiro Olho: corresponde ao corpo pituitário, às conexões nervosas cerebrais, ao sistema autônomo e ao hormonal. Está localizado entre as sobrancelhas. Sua cor é púrpura ou anil. Representa a união das polaridades, os cinco sentidos e a mente.

Está intimamente relacionada com a glândula pineal capacitando a indução de visões claras sobre o passado, o presente e o futuro.

SEGUNDA POSIÇÃO

Colocam-se as mãos juntas abrangendo a área da coroa e a parte superior do crânio mantendo-se os dedos juntos e estendidos em direção às orelhas.

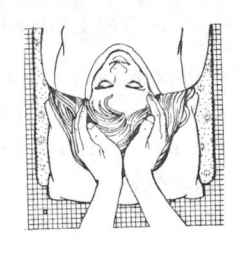

Plano físico

Ponto de união dos lobos parietal e frontal, que se consolida por volta de um ano de vida.

Planos emocional e mental

Acarreta equilíbrio e harmoniza unindo a função de ambos os hemisférios.

Plano espiritual

Representa a conexão mais elevada com o nosso ser e com o Universo. A conexão com o que transcende os aspectos humanos.

Sétimo Chakra, Sahasrara ou "Das Mil Pétalas": corresponde à zona compreendida pelo córtex cerebral, à totalidade do sistema nervoso, órgãos e tecidos de todo o organismo. Está localizado na área da coroa. Sua cor é violeta quando está em contato com a cabeça, tornando-se branco e contendo todas as cores dos demais chakras ao afastar-se. Corresponde à integração da personalidade total de um indivíduo com a vida e os aspectos espirituais da humanidade.

TERCEIRA POSIÇÃO

Colocam-se as mãos apoiadas atrás da cabeça mantendo os polegares fechados e as pontas dos dedos mínimos se tocando.

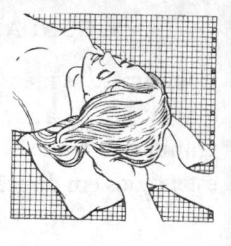

Plano físico

Atua sobre os problemas relacionados a fala. Harmoniza o funcionamento da glândula pituitária ou hipófise e dos órgãos da visão.

Abrange a base do cérebro harmonizando as funções desempenhadas pelo cerebelo, que fica na parte posterior da cavidade craniana.

Sua função básica é a de manter o equilíbrio e o tônus muscular.

Atua sobre a medula espinhal, que nasce na base do crânio e percorre toda a coluna, de cima para baixo, ao longo do canal raquidiano, presidindo todas as funções de relação entre o indivíduo e o meio ambiente.

Por último, também abrange o lobo occipital que se encontra na parte posterior do cérebro, onde se localizam os centros da visão.

Harmoniza a coordenação e as funções do sono, da vigília e da lucidez.

Diminui a tensão do pescoço e descontrai a parte superior das vértebras cervicais.

Plano emocional

Está intimamente relacionado com temores, traumas, preocupação ou irritação.

Permite recordar sonhos.

Ajuda no relaxamento em geral.

A amnésia se relaciona com o medo, a fuga da vida e a capacidade de autodefender-se.

As dores de cabeça representam excesso de autocrítica e medo.

Plano mental

Acalma os pensamentos.

Ajuda em casos de depressão.

Acarreta sensação de bem-estar.

Ajuda a clarear pensamentos e ideias, contribuindo para a criatividade e a produtividade.

Harmoniza trazendo serenidade.

Plano espiritual

Provê abertura e visão integradora.

Chakra Ajna ou Terceiro Olho: abrange-o em sua parte posterior.

Ajuda a colocar em prática as ideias criativas e a concretizá-las.

No caso de uma disfunção, o indivíduo passará a moldar suas ideias contrariamente ao que pensa.

QUARTA POSIÇÃO

Colocam-se as mãos sobre a lateral da cabeça abrangendo as orelhas, o maxilar e a mandíbula.

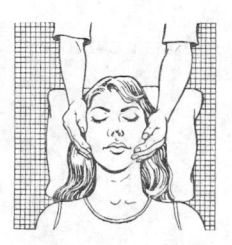

Plano físico

Reforça o descrito na segunda posição.
Harmoniza os órgãos da audição.
Atua sobre o equilíbrio, o estresse e tonteiras.
Segundo a acupuntura chinesa, todo o corpo humano está representado nas orelhas.

Plano emocional

Os ouvidos expressam a capacidade de ouvir, a compreensão. Os problemas e as dores nesta zona podem relacionar-se com a cólera, demasiada violência ao redor do indivíduo, discussões entre os pais.

Podem significar também a necessidade de apoio, de aprovação externa e de estimulação das ideias ou ideais próprios.

As tonteiras estão relacionadas com falta de controle e medo da morte.

Plano mental

Relaxa, diminui o estresse.
Reafirma a personalidade.

Plano espiritual

Amplia a compreensão.

QUINTA POSIÇÃO

Colocam-se as mãos sobre a zona da garganta. Os polegares apoiam-se suavemente sobre a linha da mandíbula, com as pontas dos dedos se tocando, com cuidado para não pressionar a garganta.

Plano físico

Abrange os maxilares, a mandíbula, a garganta, a laringe, as glândulas tireoide e paratireoides. Harmoniza a pressão arterial (alta ou baixa).

Contribui para a drenagem linfática.

Glândula tireoide: está localizada no terço mais abaixo da parte anterior do pescoço, à frente da traqueia.

Regula o metabolismo basal e o crescimento.

Glândulas paratireoides: consistem em quatro diminutos corpúsculos ligados à tireoide.

Controla o metabolismo do cálcio contribuindo para o controle do tônus muscular.

Plano emocional

Confere confiança em si mesmo.

A garganta atua como canal de expressão e de criatividade.

Está ligada ao medo do fracasso, ao temor de não ser amado e aprovado.

As dores e os problemas de garganta podem significar a incapacidade de se fazer valer, a retenção da cólera, o sufocamento da criatividade ou resistência a mudanças.

Plano mental

Contribui para o bem-estar geral, para a calma, para o relaxamento e para o não julgamento dos outros e si mesmo.

Auxilia a abertura, a comunicar tudo o que se sente e o que se pensa.

Plano espiritual

Ajuda a ter uma comunicação espiritual mais criativa e sincera, em levar em conta o julgamento de valores.

Quinto Chakra, Vishudi ou Laríngeo: localiza-se no centro da garganta. Sua cor é a azul. Os órgãos correspondentes são as amígdalas, glândulas salivares, tireoide e paratireoides, gânglios cervicais superiores e o aparelho respiratório.

Relaciona-se com a intenção de compreender não só a natureza e o universo, mas também os próprios problemas. Também se relaciona com o sentido da audição.

Significa a assimilação do mundo exterior, o sentido de um indivíduo dentro da sociedade e da sua profissão.

POSIÇÕES NA FRENTE

Todas as posições na frente mobilizam as emoções atuais e a forma de elaborá-las.

SEXTA POSIÇÃO

Colocam-se as mãos sobre a parte superior do tórax, uma em continuação à outra.

Plano físico

Harmonizam-se as funções dos brônquios e a parte superior dos pulmões.
Abrange parte da traqueia.

Plano emocional

Geralmente relaciona-se com problemas nos brônquios, com as *broncas* reprimidas.
A bronquite está relacionada com dificuldades no meio familiar, discussões, gritos e, às vezes, ao silêncio.

Plano mental

Relaxa propiciando calma e confiança em nós mesmos para enfrentar os fatos cotidianos.

Plano espiritual

Permite a comunicação com planos mais sutis, dando maior flexibilidade neste processo.
Chakra do Timo ou Água-marinha: está localizado na base do pescoço. Segundo alguns investigadores, este chakra encontra-se em processo de formação, visto que a humanidade está transitando para uma nova era.
Sua cor é a azul-celeste; governa a glândula timo e o sistema imunológico.
Quando fica harmonizado, favorece a comunicação telepática com planos ou seres pertencentes a meios de energia mais sutil.
Induz ao amor incondicional aos semelhantes, dando início ao caminho de busca para a paz universal.

SÉTIMA POSIÇÃO

Colocam-se as mãos, uma em continuação à outra, sobre a última costela.

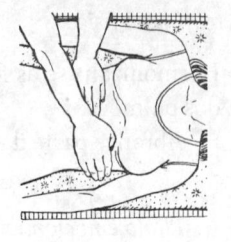

Plano físico

Equilibra as funções dos seguintes órgãos: fígado, vesícula biliar, pâncreas, baço e a parte superior do estômago.

Fígado: é o maior órgão ou glândula do corpo. Localiza-se debaixo do diafragma, do lado direito do tronco.

Processa todos os nutrientes do sangue e armazena as gorduras, açúcares e proteínas de que o corpo necessita. Filtra o sangue e produz a bílis para a digestão das gorduras e outras proteínas.

Vesícula: está acoplada ao fígado. É responsável pelo armazenamento da bílis, que serve para digerir gorduras.

Estômago: tende a alojar-se no lado esquerdo do tronco, debaixo do diafragma. Mistura os alimentos e inicia a transformação das proteínas.

Pâncreas: fica atrás do estômago, do lado esquerdo do corpo. Controla os níveis de glicose no sangue, contribui para a formação de proteínas nas células e envia importantes enzimas digestivas ao intestino delgado.

Baço: situa-se no meio e do lado esquerdo do abdômen, debaixo do diafragma e atrás do estômago. Faz parte do sistema linfático e produz linfócitos. Armazena, filtra e elimina células danificadas do sangue. Limpa também a linfa de toxinas e bactérias. Produz anticorpos. É uma peça muito importante do nosso sistema imunológico.

Plano emocional

Harmoniza o modo como assimilamos as experiências cotidianas.

As úlceras, quer sejam do estômago, quer do duodeno, se relacionam com o temor de não servir, de não estar fazendo as coisas corretamente. Simbolizam aquelas preocupações que corroem com uma força autodestrutiva.

A indigestão pode significar medo visceral, terror ou angústia.

Plano mental

Relaxa permitindo que todos os órgãos envolvidos na tarefa da digestão funcionem com maior harmonia.

Plano espiritual

O relaxar e o digerir o que ocorre diariamente no plano físico tem a ver, no plano espiritual, com a aceitação do que se vive.

É a primeira abertura de gratidão para o que se é e o que se tem.

Terceiro Chakra, Manipura ou Plexo Solar: está localizado no plexo solar (boca do estômago).

Sua cor é a amarela. Seu elemento é o fogo.

Ajuda na absorção dos alimentos a fim de proporcionar Energia Vital ao resto do corpo. Os órgãos correspondentes são os que fazem parte da digestão.

Relaciona-se com o estado mental do indivíduo regulando os processos emocionais através da mente.

Quando se encontra bloqueado, simboliza entrave com relação aos sentimentos, o medo de sentir algo e separa o amor do sexo.

OITAVA POSIÇÃO

Colocam-se as mãos da mesma forma que na posição anterior, porém um palmo mais abaixo.

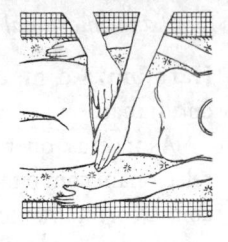

Plano físico

Aqui começa o processo de desassimilação dos alimentos. Harmoniza os órgãos compreendidos nessa zona: duodeno, intestino delgado, válvula ileocecal, cólon, apêndice e sigmoide.

Duodeno: essa primeira parte do intestino delgado tem a forma de um C e é responsável pela desintegração dos alimentos. Recebe as secreções hepáticas e pancreáticas.

Intestino delgado: secreta substâncias digestivas e absorve os alimentos digeridos, a água, as vitaminas e os minerais.

Válvula ileocecal: está situada entre o intestino delgado e o grosso. Previne o retorno da matéria fecal e controla as secreções da mucosa intestinal.

Cólon: nasce na válvula ileocecal e sobe pelo lado direito do abdômen, até chegar debaixo do fígado (cólon ascendente). Faz uma curva para a esquerda passando por baixo do baço (cólon transverso) e, novamente, uma curva para descer pelo lado esquerdo do abdômen (cólon descendente) até chegar à fossa ilíaca esquerda, onde se transforma em cólon sigmoide. No total, o cólon forma uma moldura na cavidade abdominal. Absorve a água, armazena e elimina a mucosidade e o material de dejeto.

Apêndice: lubrifica o intestino grosso e secreta anticorpos.

Sigmoide: corresponde ao último trato intestinal. Tem forma de S e acumula a matéria fecal antes de despejá-la no reto para sua eliminação.

Plano emocional

Harmoniza, em geral, todos os processos relacionados com o fluir da vida.

Favorece a liberação de situações do passado, sem temor do vazio.

Ajuda no processo de soltar, de liberar as coisas e de seguir o seu caminho sem reter aquilo que já não serve.

As cólicas, geralmente, se relacionam com a irritação mental ou com o fastio com o meio ambiente.

A colite pode relacionar-se com pais demasiadamente exigentes, com a própria autoexigência, com o medo da opressão e da derrota ou com uma grande necessidade de afeto.

Os problemas no cólon significam o acúmulo de pensamentos confusos do passado que obstruem o canal de eliminação. A prisão de ventre representa a resistência a renunciar a velhas ideias, o apego ao passado.

Plano mental

Harmoniza e relaxa permitindo o processo de liberação dos alimentos ou das emoções, sem autojulgamento.

Plano espiritual

Segundo Chakra, Swadhisthana ou Umbilical: está localizado abaixo do umbigo.

Sua cor é a laranja. Seu elemento é a água.

Seus órgãos correspondentes são as gônadas e o sistema reprodutor.

Está relacionado com a procriação, a família e a fantasia. Aqui começa a criação, o desfrute e o prazer.

Quando está harmonizado, permite dar e receber os prazeres físico, mental e espiritual.

NONA POSIÇÃO

Colocam-se as mãos na articulação coxofemoral. Em caso de necessidade, posicionam-se as mãos sobre o ventre, com uma toalha, dobrada várias vezes, cobrindo os genitais ou mantêm-se as mãos suspensas no ar, a dois centímetros de altura.

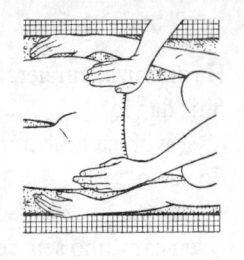

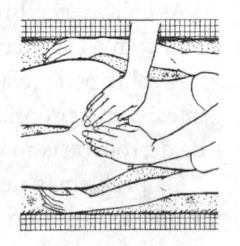

Plano físico

Harmoniza as glândulas sexuais.

Harmoniza as secreções dos hormônios estrógenos e progesterona na mulher e a testosterona no homem.

Estrógenos: são secretados pelos ovários. Provocam modificações no ciclo menstrual. Promovem o desenvolvimento do aparelho sexual. Cumprem funções metabólicas e circulatórias.

Progesterona: é secretada pelos ovários. Atua sobre a gestação.

Testosterona: é secretada pelos testículos. Responsável pelo desenvolvimento das características e estruturas masculinas. Exerce funções metabólicas.

Planos emocional e mental

Os problemas de próstata geralmente relacionam-se com medos psicológicos que debilitam a masculinidade ou com sensações de culpa. Relaciona-se com o indivíduo que crê estar envelhecendo.

Os problemas nos ovários representam dificuldades com a criatividade.

Os problemas menstruais relacionam-se com a rejeição da feminilidade, com a culpa e o medo ou com a crença de que os genitais sejam pecaminosos e sujos.

No processo da menopausa, aparece o medo de deixar de ser querida, de envelhecer, de rejeitar a si mesma e de se tornar insensível.

Geralmente, os problemas da zona genital podem refletir-se na garganta ou na boca por não se ter podido expressar adequadamente a própria sexualidade ou o prazer. Recordemos que a garganta também é um importante centro de criatividade.

Plano espiritual

O chakra correspondente às funções dessa zona é também o segundo, porém está intimamente relacionado com o primeiro.

Primeiro Chakra, Muladhara ou Básico: está localizado no períneo, entre o ânus e os genitais. Engloba a base da coluna e as três primeiras vértebras.

Sua cor é a vermelha. Seu elemento é a terra. Significa a consciência terrena. Relaciona-se com o desejo de viver na realidade física. É a primeira manifestação da força vital no mundo físico.

Torna o ser presente e outorga a sensação de estar aqui e agora.

DÉCIMA POSIÇÃO

Colocam-se uma das mãos abaixo do umbigo e a outra no centro do tórax (na mulher, acima do busto).

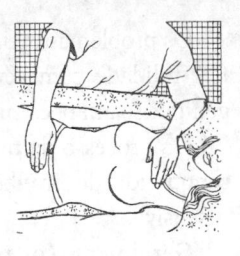

Plano físico

Harmoniza as funções do cólon, do intestino delgado, dos genitais e da bexiga. Além das funções da parte central do tórax, onde estão os brônquios, os pulmões e estende-se até o coração.

Bexiga: é uma bolsa que se dilata passivamente à medida que recebe a urina conduzida pelos ureteres.

Plano emocional

Favorece o equilíbrio entre a área superior do tronco, relacionada com a forma como assimilamos o que nos ocorre, e a área inferior do tronco, referente a desassimilação daquilo que já não serve.

Os problemas da bexiga correspondem à angústia ou ao medo de se soltar.

As enfermidades venéreas se relacionam com a necessidade de castigo por culpa sexual e por maltrato a terceiros.

Plano mental

Relaxa e fortalece a comunicação interna entre os próprios desejos e sua expressão.

Plano espiritual

Reforça o descrito na nona e na décima primeira posições.

Os chakras correspondentes são o segundo e o quarto.

DÉCIMA PRIMEIRA POSIÇÃO

Colocam-se as mãos em forma de T sobre a zona do coração, no meio do tórax.

Plano físico

Harmoniza o funcionamento da glândula timo, atua sobre o coração e parte dos pulmões.

Glândula timo: é um órgão linfoide situado no interior do tórax, atrás do esterno. Sua função é desenvolver o sistema imunológico nas crianças.

Descobriu-se que também cumpre uma importante função nos estados de ânimo dos adultos.

Pulmões: são formados por um tecido leve e esponjoso. Neles ocorre a troca do ar sem oxigênio que se exala pelo ar novo inalado.

Coração: é um músculo oco que efetua contrações rítmicas para bombear o sangue através de todas as veias e artérias do corpo. As mais importantes são a cava e a aorta.

Plano emocional

Representa o centro do amor e da segurança. Esta zona está relacionada, também, com o controle de si mesmo e com os sentimentos do indivíduo. Se estiver desarmonizada ou com alguma somatização, é possível que a pessoa não queira entrar em contato com os seus sentimentos buscando anular sua capacidade de sentir, dada a sua extrema sensibilidade.

Os problemas neste local podem estar relacionados com o sentimento de ser agredido.

A asma representa o amor que sufoca, a incapacidade de respirar sozinho, a opressão ou o pranto reprimido.

Os problemas respiratórios vinculam-se ao medo, à desconfiança nos processos da vida, às pessoas que ficaram presas à infância.

Plano mental

Ao relaxar o corpo, os pulmões inalam maior quantidade de ar expandindo o abdômen e oxigenando melhor o cérebro. Isso acarreta sensação de bem-estar, tranquilidade e lucidez.

A mente relaxa e deixa que o coração se expresse sem tentar programá-lo, nem encouraçá-lo. Essa posição induz a uma grande entrega de amor e abertura.

Plano espiritual

Intensifica-se a conexão com o amor individual e com o amor universal. O indivíduo recebe tudo que lhe é entregue chegando a Sentir sua *Centelha Divina*.

Quarto Chakra, Anabata ou Cardíaco: está localizado no centro do tórax. É o chakra mais importante no processo de harmonização, já que todas as energias metabolizadas por ele ascendem pela corrente vertical, através das raízes dos demais chakras, e voltam a passar por ele para saírem pelas mãos de um curador.

Sua cor é a verde, quando se refere ao amor individual ou a rosa, quando se refere ao amor universal. Seu elemento é o ar.

Sua função é a de transmutar as energias dos chakras superiores e inferiores.

Seu órgão correspondente é o coração. Regula o sistema circulatório.

Quando este chakra está equilibrado, permite que se tenha sentimentos cordiais de amor para com os outros e abertura à vida. Permite ver os próprios defeitos com amor.

Quando é desbloqueado, podem surgir lágrimas nos olhos.

Quando esse chakra está desarmonizado, o indivíduo tem sentimentos de inveja, ciúmes e hostilidade em relação aos seus semelhantes.

POSIÇÕES NAS COSTAS

DÉCIMA SEGUNDA POSIÇÃO

Com o receptor deitado de bruços, colocam-se as mãos na parte posterior do pescoço.

Plano físico

Eliminam-se as tensões e contraturas frequentes nos músculos dessa zona que, juntamente com a parte anterior do pescoço, permitem realizar os movimentos de rotação e flexão da cabeça.

Contribui para o equilíbrio dos ossos atlas e áxis (as primeiras vértebras cervicais) e da medula espinhal.

Medula espinhal: é encarregada de transmitir os estímulos nervosos desde o cérebro até o resto do organismo. Dela saem os 62 pares de nervos raquianos, cada um composto por uma parte motriz e uma sensitiva.

Plano emocional

O pescoço representa a flexibilidade e a capacidade de ver o passado.

Contraturas e rigidez nessa zona representam a falta de análise dos fatos ocorridos com o indivíduo, além de manifestarem teimosia ou obstinação inflexível.

Plano mental

Aumenta a capacidade de análise.

Plano espiritual

Sintoniza com a Vontade Divina.

Quinto Chakra, Vishudi ou Laríngeo: geralmente se abre quando pessoa se adapta bem ao seu trabalho e se sente satisfeita com ele.

Está intimamente relacionado com o medo do fracasso, bloqueando o impulso de sair em busca do que se deseja, quer sejam amizades ou qualquer relacionamento pessoal.

DÉCIMA TERCEIRA POSIÇÃO

Colocam-se as mãos sobre as omoplatas.

Plano físico

Harmoniza os músculos das omoplatas. Abrange a região dos ombros e a articulação com o úmero.

Plano emocional

Os ombros representam as responsabilidades com a carga diária.

As dores nessa região são consequência do excesso de responsabilidades assumidas, quer sejam próprias, quer sejam alheias, das sensações de frustração com a estrutura de vida atual e da falta de apoio.

Harmonizar essa região contribui para a realização das atividades com alegria.

Plano mental

Contribui para que se assuma responsabilidades de forma criteriosa, com discernimento das possibilidades e dos limites para cumpri-las.

Plano espiritual

Ajuda a deixar de lado as estruturas rígidas e assim poder comunicar-se com o Eu Superior, com inteira liberdade.

Chakra do Timo ou Água-marinha: quando harmonizado permite a comunicação, sem temor, com planos mais sutis de energia.

DÉCIMA QUARTA POSIÇÃO

Colocam-se as mãos, uma em continuação à outra, sobre os rins.

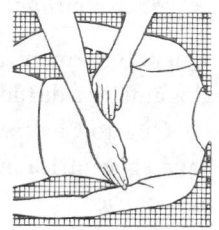

Plano físico

Harmoniza as funções dos rins e das glândulas suprarrenais.

Rins: localizados um ao lado direito e o outro ao lado esquerdo da coluna vertebral, conectam-se à bexiga pelos ureteres.

Sua atividade é indispensável à manutenção do equilíbrio hidrossalino dos compostos ácidos e básicos do sangue e dos tecidos. Trabalham seletivamente deixando passar determinadas substâncias e retendo outras.

Plano emocional

Problemas nos rins, como por exemplo a nefrite, podem estar relacionados com a crença de ter praticado ações incorretas.

Esse órgão tem ligação com a vergonha, com a decepção, o excesso de crítica e a sensação de fracasso.

As infecções urinárias podem ocorrer às pessoas que culpam os outros e também às que se irritam com indivíduos do sexo oposto.

Plano mental

Equilibra o sentido de autocrítica. Permite tomar consciência das próprias necessidades trazendo a firme determinação de melhorar o estado de equilíbrio do ser, até produzir a mais completa sensação de bem-estar.

Plano espiritual

Quando harmonizado, sente-se o apoio da Vontade Divina, dos amigos e de tudo que rodeia o indivíduo.

Quarto Chakra, Anahata ou Cardíaco: representa a vontade egocêntrica ou exterior. É a partir de onde se atua no plano físico.

Quando harmonizado, percebe-se o que se deseja. Se esse centro estiver excessivamente ativo, a pessoa agirá com a força de vontade, sem amar o que estiver realizando. Viverá com a sensação de que tudo em sua vida é uma obrigação.

Se estiver desarmonizado, o indivíduo irá se controlar excessivamente e controlará aqueles que o rodeiam.

DÉCIMA QUINTA POSIÇÃO

Colocam-se as mãos da mesma forma que na posição anterior, porém na linha da cintura.

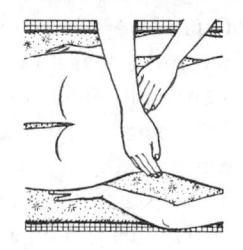

Plano físico

Harmonizam-se os músculos da cintura e a parte superior da cintura pélvica.

Essa região reage como polaridade oposta ao descrito na posição dos ombros e omoplatas. Por conseguinte, relaxar uma região contribui para relaxar a outra.

É de vital importância para os indivíduos sedentários, ou mulheres grávidas, visto que nesse local tende a se alojar grande parte das tensões.

Também alivia as tensões das mulheres no período menstrual.

Plano emocional

Pode estar associado ao medo de falência ou instabilidade financeira.

Plano mental

Relaxa aliviando o estresse ocasionado pelas preocupações do dia a dia e por tudo aquilo que precisa realizar para manter seu padrão de vida ou melhorá-lo.

Plano espiritual

Gera equilíbrio e harmonia nos planos físico e mental.

Segundo Chakra, Swadhisthana ou Umbilical: representa a quantidade de energia sexual que o indivíduo possui.

Quando em harmonia, pode conectar o sujeito consigo mesmo e levá-lo a sentir o desejo de uma união física rompendo preconceitos e condicionamentos. O abandono mútuo na relação sexual permite a união dos aspectos físico e espiritual.

Se esse chakra estiver bloqueado, o indivíduo não manifesta claramente o impulso sexual, privando-se, deste modo, da nutrição, comunhão e contato físico com outro corpo.

DÉCIMA SEXTA POSIÇÃO

Colocam-se uma das mãos na altura do cóccix e a outra na altura da quarta vértebra lombar, em forma de T.

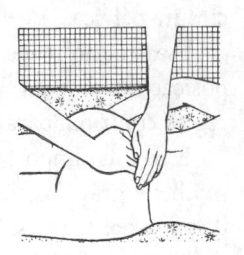

Plano físico

Harmoniza toda a coluna vertebral.

Permite que a energia flua por toda a coluna livremente, já que, as posições anteriores, relaxaram todos os músculos das costas.

Harmoniza a região lombo-sacra e sacro-coccígea.

Nessa região não existe medula espinhal. Só chegam até ali os últimos nervos que partem dela.

Plano emocional

A região sacro-coccígea guarda relação com a maneira de se situar no próprio meio. Geralmente aparecem dores, desalinhamentos ou inflamações nessa zona quando um indivíduo põe fim a uma relação importante em sua vida e precisa encontrar seu lugar no mundo e reencontrar-se. Podem surgir, também, no caso de uma mudança ou algo que represente uma perda de estabilidade.

Plano mental

Atua sobre a sensação de segurança na vida.

Ajuda a perceber com flexibilidade aquilo que preocupa o indivíduo. Contribui para o desbloqueio, no percurso da coluna, de qualquer interrupção no fluido da energia ou informação enviada pelos centros nervosos do cérebro.

Pode acontecer que venham à mente recordações de fatos ocorridos no passado. Neste caso, se sentirá calmo e ficará em posição de observador para revisá-las.

Plano espiritual

Ajuda a romper a barreira temporal promovendo uma expansão de consciência que permite a abordagem de tudo o que se refere ao passado.

Primeiro Chakra, Muladhara ou Básico: o primeiro chakra, em sua parte posterior, ajuda a canalizar o fluxo energético para cima pela coluna vertebral.

Recarrega os sistemas energéticos e contribui para a expansão da própria energia em relação a tudo que o rodeia. Está relacionado com a vontade de viver do indivíduo.

DÉCIMA SÉTIMA POSIÇÃO

Colocam-se as mãos sobre a cavidade posterior dos joelhos (fossa poplítea).

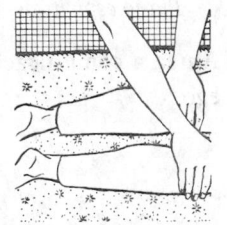

Plano físico

Harmoniza a circulação sanguínea das pernas, especialmente a circulação de retorno.
Alivia as dores nas articulações dos joelhos.

Plano emocional

Os joelhos estão relacionados com a possibilidade de o indivíduo mover-se com liberdade.

Geralmente, os problemas nos joelhos devem-se a conflitos ocorridos durante a adolescência, ainda não resolvidos, e que continuam presentes.

Também podem estar relacionados com a incapacidade do indivíduo de inclinar-se, de pedir perdão. Podem ainda significar excesso de orgulho, obstinação ou falta de disposição para ceder.

Plano mental

Relaxa permitindo ao indivíduo aceitar que ceder perante os outros nem sempre significa fracasso ou falta de autovalorização.

Estimula a pessoa a ter consciência da necessidade de liberdade, sem sentimentos de culpa.

Plano espiritual

Ajuda a comunicação com o universo deixando de lado o ego.

DÉCIMA OITAVA POSIÇÃO

Colocam-se as mãos sobre as plantas dos pés.

Independente do tamanho das mãos do praticante e dos pés do receptor, deve-se fazer coincidir a ponta dos dedos das mãos com as dos pés.

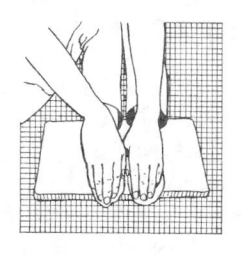

Plano físico

Segundo a reflexologia, nos pés estão as terminações reflexas de todo o corpo humano.

Plano emocional

Os pés são a parte do corpo com a qual o indivíduo se sustenta. Estão em contato com a terra, com eles se caminha na vida a cada momento e mudam de acordo com o que se vive cotidianamente.

Os problemas nos pés podem estar simbolizando o receio de continuar avançando na vida.

Planos mental e espiritual

Rompem-se as barreiras temporais, compreende-se a importância do tempo presente e deixam-se de lado os temores do passado e as preocupações com o futuro.

Nas posições frontais, todos os chakras relacionam-se com a percepção das distintas qualidades descritas. Nas posições posteriores, representam a vontade de pôr em prática o descrito para cada uma delas e ajudam o impulso criador.

14
Autotratamento

Neste capítulo são descritas as posições sugeridas para um autotratamento que praticamente correspondem às descritas em tratamentos de outras pessoas.

As variantes se adequam às limitações que se possa ter com relação à flexibilidade para alcançar certas partes do próprio corpo.

Recomendamos consultar as descrições contidas no capítulo 13, referentes à influência de cada posição sobre os distintos planos.

POSIÇÕES NA CABEÇA

As quatro primeiras posições correspondem às apresentadas no capítulo 13.

PRIMEIRA POSIÇÃO

Colocam-se as mãos sobre o rosto, ao lado do nariz, com a base das palmas na altura dos dentes.

SEGUNDA POSIÇÃO

Colocam-se as mãos sobre a cabeça, com as extremidades dos dedos médios juntas sobre a coroa. Deve-se deixar as mãos descansarem suavemente, mantendo-se os braços numa posição cômoda

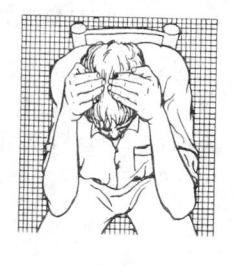

TERCEIRA POSIÇÃO

1. Colocam-se as palmas das mãos na base do crânio (onde este termina e começa a nuca), com os dedos voltados para cima e os indicadores se tocando.

2. Caso a posição anterior seja incômoda ou provoque dor nos pulsos, pode-se adotar a posição mostrada na figura ao lado.

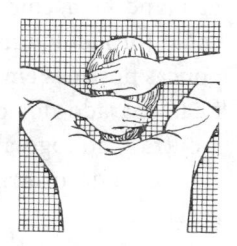

QUARTA POSIÇÃO

Colocam-se as palmas das mãos sobre as orelhas, mantendo os dedos juntos, com as extremidades voltadas para cima.

POSIÇÕES NA FRENTE

A quinta e a sexta posições do autotratamento resumem o descrito nas quinta, sexta, sétima e décima primeira posições do tratamento de outras pessoas.

QUINTA POSIÇÃO

Apoia-se uma das mãos sobre a borda da mandíbula, com o polegar e o indicador formando um V (esta é uma das poucas posições em que um dos dedos fica separado dos outros). Coloca-se a outra mão logo abaixo da primeira, com a borda inferior tocando o tórax, se deixando um espaço diante da garganta.

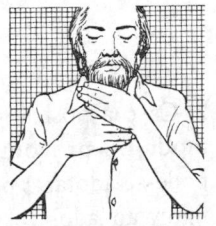

SEXTA POSIÇÃO

Coloca-se a mão que está em contato com a mandíbula debaixo da outra. Em seguida, posiciona-se esta última debaixo da primeira, de forma que ambas fiquem na altura do coração.

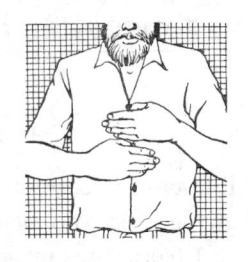

As sétima e oitava posições do autotratamento correspondem, respectivamente, à oitava e à nona posições do tratamento de outras pessoas.

SÉTIMA POSIÇÃO

Colocam-se ambas as mãos, uma de frente para a outra, na altura dos quadris, com os dedos sobrepondo-se ou com as pontas se tocando.

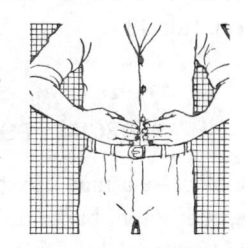

OITAVA POSIÇÃO

Colocam-se ambas as mãos abaixo da cintura, em forma de V, com os indicadores se tocando.

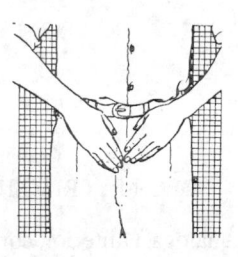

POSIÇÕES NAS COSTAS

NONA POSIÇÃO

Esta posição corresponde à décima segunda posição do capítulo 13.

Colocam-se ambas as mãos atrás do pescoço, apoiadas no ombro, com os dedos sobrepondo-se ou tocando-se nas pontas.

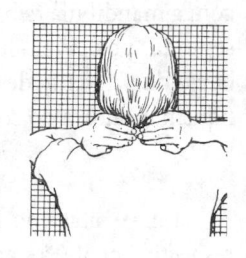

As décima, décima primeira e décima segunda posições correspondem à décima terceira posição apresentadas no capítulo 13.

DÉCIMA POSIÇÃO

Coloca-se a mão direita sobre o ombro esquerdo em busca de uma posição cômoda para o braço.

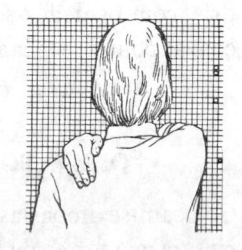

DÉCIMA PRIMEIRA POSIÇÃO

Análoga à anterior, com a mão esquerda sobre o ombro direito.

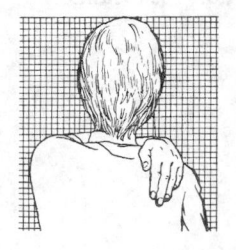

DÉCIMA SEGUNDA POSIÇÃO

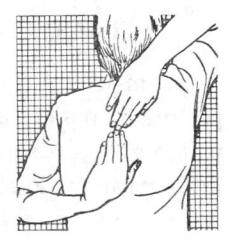

Coloca-se uma das mãos sobre o ombro do mesmo lado e a outra por baixo buscando a primeira, de modo que ambas se encontrem no centro da espádua.

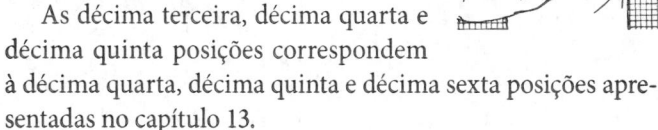

As décima terceira, décima quarta e décima quinta posições correspondem à décima quarta, décima quinta e décima sexta posições apresentadas no capítulo 13.

DÉCIMA TERCEIRA POSIÇÃO

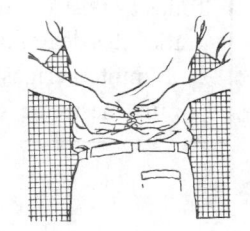

Colocam-se ambas as mãos na espádua, acima da cintura (à altura dos rins) com os dedos se tocando sobre a coluna.

DÉCIMA QUARTA POSIÇÃO

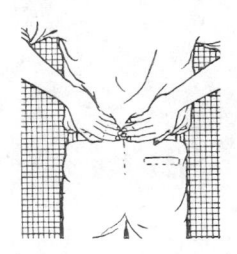

Colocam-se ambas as mãos sobre a cintura, em forma de V, juntando-se os dedos mínimos sobre a coluna.

DÉCIMA QUINTA POSIÇÃO

Colocam-se ambas as mãos na mesma postura da posição anterior, porém um palmo mais abaixo, com as pontas dos dedos na altura do cóccix.

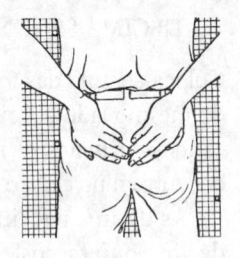

Todas as posições descritas neste livro são exclusiva para praticantes de Reiki.

É muito perigoso praticá-las se não tiver sido iniciado por um mestre de Reiki.

15
Ação e reação

Aparentemente, visto do plano material, o praticante que dá a sessão é ativo. Deve estar atento, recordar a sequência das posições, controlar a duração de cada uma delas, observar se a pessoa que recebe está cômoda, tomar todo cuidado na troca de posições, não interromper o processo etc.

Sob o mesmo critério, quem recebe é passivo. Está deitado, com os olhos fechados e, durante toda a sessão, não faz nenhum movimento ou ação.

Se considerarmos que cada sessão é um encontro da Energia Vital com quem a recebe, resulta que, energeticamente, o ativo é o receptor e quem dá a sessão é um canal energético totalmente passivo e não envolve sua energia pessoal em momento algum.

Podemos comparar com a ação de regar um jardim. Quem sustenta a mangueira e a troca de lugar tem um canal em suas mãos por onde passa a água e, energeticamente, se envolve muito pouco.

O verdadeiro encontro ocorre entre a água (que não é da pessoa que rega o jardim) e o que a recebe (a terra e as plantas).

O que ocorrer energeticamente na ação de dar e receber será produto do encontro da energia (água) com o receptor (terra e plantas). A pessoa que rega é simplesmente um observador cuidadoso.

A energia *Ki* é só o alimento de nossas energias mais sutis e é muito mais abundante que a água. Comparti-la é compartir a vida.

16
Sintomas não prazerosos

A harmonização com Reiki sempre começa pelas energias mais sutis e, à medida que avança, manifesta-se dando sinais do que está ocorrendo.

Quando o processo se depara com um bloqueio energético, mostra-o tal como ele é, e a mensagem geralmente chega ao consciente através de imagens ou sensações físicas ou emocionais.

Estes sinais são muito importantes, uma vez que suscitam uma revisão geral do sistema e, em uma próxima sessão, serão atualizados ou apagados se forem desnecessários.

É por isso que, se aparecerem sintomas, tais como dores mais agudas, angústia, entre outros, durante uma sessão, devem ser tomados como sinais de que, efetivamente, se está atuando sobre problemas que já se manifestavam em nível físico ou mental, ou estavam a ponto de se manifestarem.

Em síntese, são indicações de que o sistema de autocura começou a funcionar.

É por isso que, como informação geral, podemos dizer:

1. Em enfermidades crônicas, durante os primeiros dias as dores vão desaparecendo e o receptor sente-se melhor a cada dia que passa.

Com o passar das semanas, e na fase final, podem reaparecer recrudescidos. Isso, geralmente, indica que se chegou ao ponto em que o bloqueio se encontra arraigado e que é hora de começar o tratamento final.

Isso, ainda que desagradável, é um sintoma positivo e deve-se estar atento e informar ao receptor para que não abandone o tratamento.

2. Em enfermidades agudas, por serem mais recentes que as crônicas, os sintomas recrudescem nas primeiras sessões, já que o processo é muito mais rápido.

3. Em pessoas aparentemente sãs, durante um tratamento de Reiki, podem aparecer dores denotando assim a existência de um mal em estado latente, do qual não se havia tomado consciência. Nestas circunstâncias, não se deve abandonar o tratamento e sim aproveitar essa possibilidade de *curar-se em saúde,* ainda que as reações sejam incômodas ou dolorosas.

17
Indicações e cuidados

Para dar um tratamento de Reiki, temos que prever uma série de elementos que nos auxiliarão, durante a sessão, no cuidado com o receptor e com nós mesmos.

Estes cuidados são válidos quer trabalhemos em nosso consultório, quer a domicílio.

Devemos ter preparadas e ao alcance das mãos uma manta, várias toalhas, almofadas e uma ou duas cadeiras ou banquetas.

O ambiente deve ser o mais silencioso possível e devemos assegurar-nos de não sermos interrompidos pela chegada de outra pessoa ou por uma ligação telefônica.

É recomendável o uso de música suave, do agrado do receptor, e perfumar o ambiente com incensos.

Com relação à preparação pessoal, deve-se lavar muito bem as mãos, estar descalço (por uma questão de comodidade) e certificar-se de que a roupa não esteja apertada nem cause desconforto durante a sessão.

Deve-se tirar todos os adornos de metal (argolas, anéis, pulseiras, correntes etc.), tanto do receptor quanto do praticante.

Quanto a esse ponto, é importante não perturbar o receptor pedindo-lhe que tire o anel, aliança ou correntinha que seja uma recordação especial ou promessa. Insistir nisso, seria causar-lhe uma desarmonia emocional mais prejudicial que o uso desses metais durante sessão.

Toalhas grandes dobradas várias vezes são muito práticas, pois funcionam como almofadas que podem ser colocadas sob os joelhos do receptor (quando deitado de costas), a fim de afrouxar a tensão nas fossas poplíteas (parte de trás dos joelhos), e depois sob os pés (quando deitado de bruços), para proteger os dedos dos pés.

Deve-se estar atento às necessidades do receptor que, em geral, não sabe ou não se atreve a reclamar. Tão somente recostar na maca produz bem-estar. Porém, à medida que transcorre a sessão e se vai relaxando, surgem mais necessidades (por exemplo, mudar os pontos de apoio ou a posição), e é neste momento que se deve assisti-lo.

As sessões são sempre dadas com a pessoa vestida. As mãos são colocadas suave porém firmemente sobre o receptor, sem tremê-las e mantidas, em cada posição, por no mínimo três minutos.

É possível dar uma sessão completa com as mãos afastadas uns dois ou três centímetros do corpo; porém, como a energia é um fluido que se acomoda ao *ser colocado em um vaso,* poderia ocorrer do receptor sentir o fluir da energia em qualquer parte, distinta de onde estão as mãos do praticante. Não havendo contato direto com seu corpo, o receptor pode ter uma sensação de insegurança muito grande.

Podemos sugerir o uso de um lenço sobre o rosto (na primeira posição) caso a pessoa se sinta incomodada com o contato direto de nossas mãos com o seu rosto.

Deve-se lembrar ao receptor de que não é necessário pensar em nada em especial, que a energia fluirá livremente.

Pode-se falar durante a sessão. O fluir da energia Reiki não se interrompe, mas é preferível permanecer em silêncio, para que se conecte consigo mesmo e desfrute desse encontro com a Energia Vital.

Na quinta posição, deve-se manter as mãos afastadas da garganta. Aproximá-las muito pode dar a sensação de sufocamento.

A nona posição (sobre o abdômen, próximo aos genitais) conecta o receptor com a sua própria sexualidade. Para que a pessoa logre uma clara percepção de seu processo interior, é conveniente usar uma toalha ou manta dobrada sobre essa parte do corpo. Deste modo, serão evitadas interpretações confusas causadas pelo contato de nossas mãos com uma zona erógena. Outra forma de evitar incômodos é deixar as mãos suspensas, a dois ou três centímetros do corpo. Esse mesmo cuidado pode ser tomado com relação às décima primeira e décima sexta posições.

As mudanças de posição, sempre que possível, são feitas movendo-se apenas uma mão de cada vez para não se perder o contato.

Se for imprescindível interromper a sessão e ausentar-se por alguns minutos, deve-se comunicar essa situação ao receptor (por exemplo: ir ao banheiro ou desligar o telefone).

Durante toda a sessão, o praticante deve buscar uma posição cômoda: apoiar as costas, relaxar os ombros e, se possível, procurar apoio para os braços.

É importante que o operador cuide de si tanto quanto cuida do receptor. De nada adiantaria dar uma sessão perfeita se, depois dela, ficar contraído, desgastado ou com dores físicas. Se isso suceder e o operador sentir-se cansado ou com alguma desarmonia, algo está sendo malfeito. Deve-se verificar se foram adotadas posturas físicas adequadas (uma boa cadeira que cause comodidade, por exemplo). O operador não deve envolver-se emocionalmente nem ter expectativas com relação aos resultados.

Nos tratamentos de Reiki não é a energia harmonizada do operador que flui; é a Energia Vital (*Ki*) que o receptor toma das mãos do praticante.

Recordemos que a tarefa é realizada pelo receptor que ao aceitar a entrada e o fluir da Energia Vital terá despertada sua capacidade de autocura.

Recomenda-se não dar nem receber tratamentos imediatamente após uma refeição importante. Assim como os médicos aconselham não dormir logo depois do almoço ou do jantar, o mesmo sucede aqui: não convém receber uma sessão antes de haver transcorrido o primeiro processo da digestão.

Esta última recomendação não impede que se coloque as mãos sobre o abdômen (oitava e nona posições do autotratamento) depois de cada refeição, para ajudar a digestão.

Todos esses cuidados e indicações são apenas algumas ideias básicas para um bom tratamento. Cada praticante os irá enriquecendo com sua própria experiência e bom senso.

Não se pode causar dano com Reiki.

18
Sequência de posições para uma sessão completa

O objetivo deste capítulo é resumir, em forma de manual, a sucessão de posições recomendadas para um tratamento a outras pessoas.

Aconselhamos respeitar a sequência proposta, pois, ao começar pela cabeça (a parte mais sutil do nosso ser) e ao percorrer todo o corpo, produz-se uma harmonização progressiva, que culmina nos pés (a base). Somente respeitando esta ordem, fica assegurada uma harmonização completa do receptor.

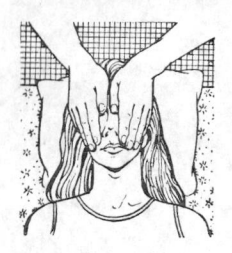

Posição 1    Posição 2 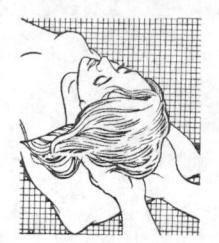   Posição 3

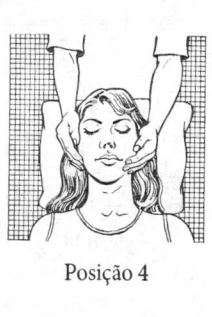

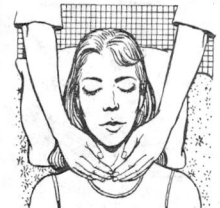

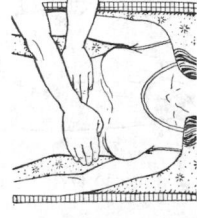

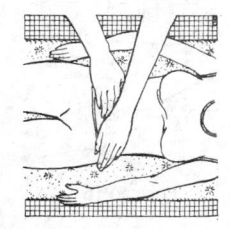

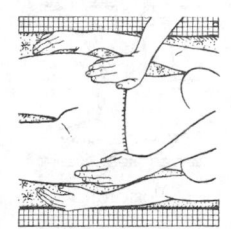

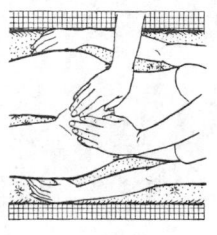

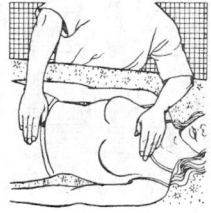

Posição 4   Posição 5   Posição 6

Posição 7   Posição 8   Posição 9A

Posição 9B   Posição 10   Posição 11

Posição 12    Posição 13 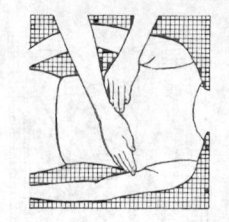   Posição 14

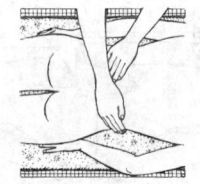

Posição 15    Posição 16 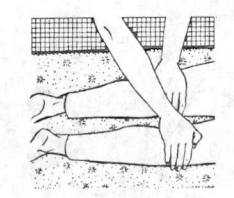   Posição 17

Posição 18

19
Tratamentos especiais

Neste capítulo é nossa intenção responder perguntas muito frequentes sobre o que fazer em casos especiais.

As posições, durações e recomendações indicados neste capítulo são resultado dos dados obtidos em experiências realizadas.

Com relação a dúvidas frequentes, nossa resposta é sempre a mesma:

Dar uma sessão completa (18 posições de 3 minutos cada uma) e tempo adicional onde estiver localizado o problema.

Esta resposta fundamenta-se numa visão holística dos seres vivos.

Uma dor de cabeça, por exemplo, é um sintoma de que alguma coisa, em algum lugar do sistema, está com problemas.

Em geral, tende-se a parcializar os problemas e silenciar ou esconder aquilo que os anuncia ou denuncia.

Reiki não é uma técnica para soluções parciais nem para diagnósticos. Não é uma aspirina ou um calmante. É um harmonizador integral que atua em todos os níveis energéticos e não substitui, de modo algum, a intervenção dos profissionais dedicados a melhorar a saúde.

Com tratamentos completos, o receptor estará mais harmonizado. Todo o sistema trabalhará melhor e aparecerão, claramente, os sintomas que denunciaram a necessidade de ajuda externa.

Recomenda-se especialmente não dar nenhum tipo de conselho ou sugestão aos receptores desses tratamentos, que poderiam interferir nas terapias que médicos tenham indicado. Todo tratamento de Reiki deve ser um complemento da medicação receitada por um médico.

Os tratamentos indicados a seguir correspondem à técnica que se aprende no primeiro nível. Os praticantes do segundo nível devem acrescentar, a esses tratamentos, as ferramentas que o segundo nível provê.

Abcessos

Coloque um lenço de pano ou papel sobre a área do abcesso e trate por 15 a 30 minutos, duas vezes por dia.

Ao tratar abcessos e infecções, é importante dar também o tratamento completo.

Acidentes (emergências)

Pode-se acalmar e estabilizar uma pessoa acidentada, enquanto se espera pelo auxílio médico.

Comece com palma sobre palma e mão no ombro. Coloque as mãos em T sobre o Chakra Cardíaco.

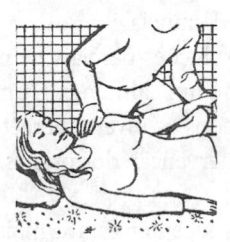

Em seguida, trate diretamente com Reiki as feridas que estão sangrando, os machucados ou os ossos quebrados. Se as condições permitirem, aplique Reiki nas seguintes posições:

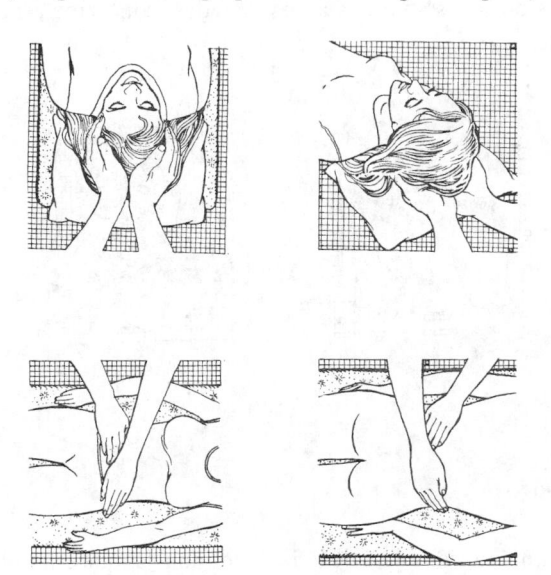

Ofereça um tratamento completo nos dias subsequentes ao acidente.

Acidez

Após um tratamento completo, dedique tempo adicional à área afetada, até sentir alívio. Em caso de autotratamento, coloque as mãos sobre o estômago 10 minutos antes e após cada refeição.

Acne

Dedique mais tempo às posições indicadas e acrescente outras posições sobre as áreas afetadas, conforme a necessidade.

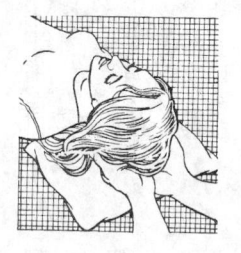

Adição

O tratamento completo de Reiki ajuda aqueles que estão abandonando o uso de drogas, álcool ou qualquer outra substância que cause dependência.

Recomenda-se tempo adicional nas posições indicadas, durante um tratamento completo, que deverá acompanhar todo o processo de reabilitação.

Água (limpeza – energização)

Para limpar ou energizar a água ou qualquer outro líquido com Reiki, deve-se colocar as mãos ao redor do recipiente por 10 a 20 minutos.

Aids

Fique mais tempo em cada uma das posições indicadas nos desenhos e acrescente outras posições em áreas que necessitem de atenção especial.

Reiki tem sido utilizado efetivamente em pacientes com aids para aliviar a dor, a ansiedade psicológica e o sofrimento.

Pessoas com aids devem receber sessões diárias durante períodos prolongados (40 a 60 dias). Dependendo da evolução, a aplicação de Reiki deve continuar.

Recomenda-se que uma pessoa com aids faça, pelo menos, o primeiro nível de Reiki para poder beneficiar-se com um autotratamento diário.

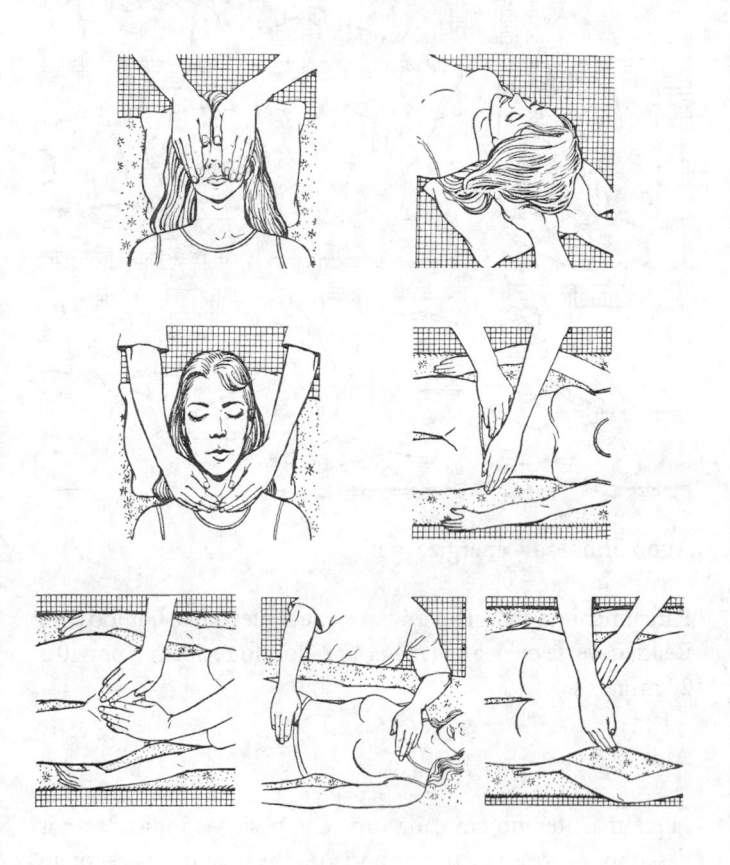

Anemia

Ofereça uma sessão diariamente, com tempo adicional nas seguintes posições:

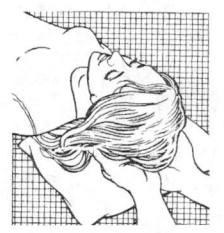

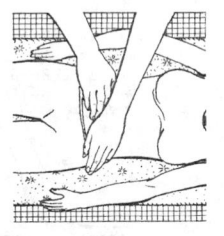

Anestesia

Abstenha-se de dar Reiki durante todo o tempo em que o receptor estiver sob a ação de algum tipo de anestesia, mesmo que seja local.

Os produtos que anestesiam são elementos estranhos que favorecem ou permitem a tarefa de médicos e cirurgiões. Com a Energia Vital poderia ocorrer a eliminação dos efeitos antes do tempo programado pelos profissionais responsáveis.

Animais (criação ou domésticos)

Coloque as mãos diretamente sobre a zona afetada do animal e deixar que este se mova livremente. Ele indicará o local que necessita de tratamento.

Anorexia

Ofereça tratamento completo, com tempo adicional nas seguintes posições:

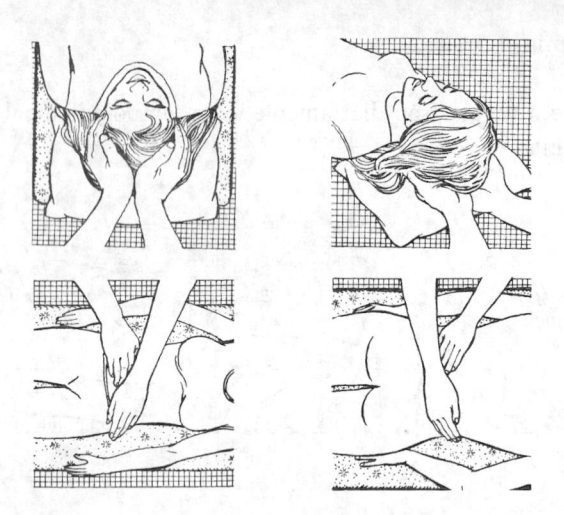

Ansiedade

Ofereça o tratamento completo, com tempo adicional (mais de 5 minutos) nas seguintes posições, até sentir alívio.

Estados de ansiedade de longa data necessitam de tratamentos prolongados, de várias semanas ou meses.

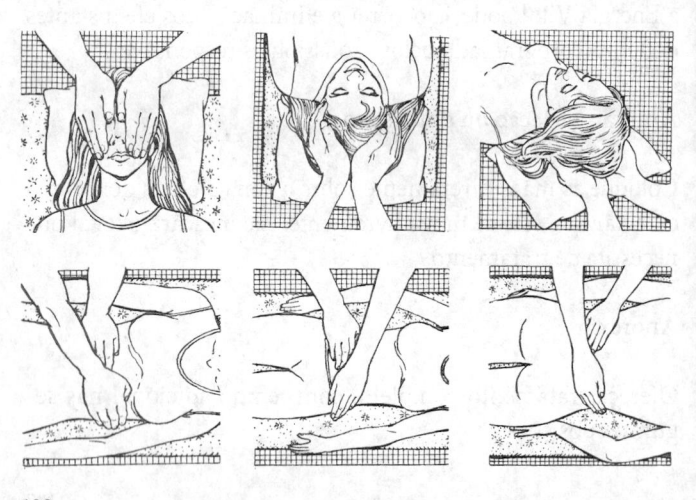

Aprendizagem – Memória

Para problemas de aprendizagem, memória ou nervosismo antes de uma prova, utilize as seguintes posições de autotratamento, o maior tempo possível, várias vezes ao dia.

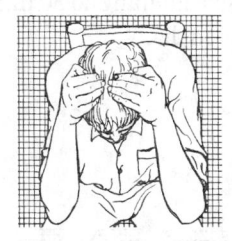

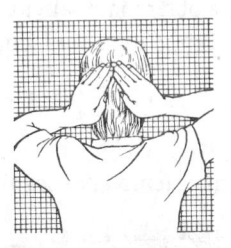

Para problemas graves de falta de memória, pode-se empregar estas posições por 30 minutos ou mais, várias vezes ao dia.

Para recordar algo rapidamente, fique em cada uma destas posições durante 5 minutos.

Assistindo a outras pessoas, dê um tratamento completo, com tempo adicional nas seguintes posições:

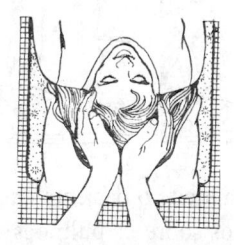

Repita estas posições, tantas vezes quanto possível, durante o dia.

Articulações

Coloque ambas as mãos sobre a articulação afetada cobrindo os dois lados. Reiki é muito eficiente na redução da dor e da inchação.

Para obter maior alívio, empregue no mínimo 30 minutos, e no máximo uma hora, duas vezes ao dia.

Asma

Fique mais tempo nas seguintes posições:

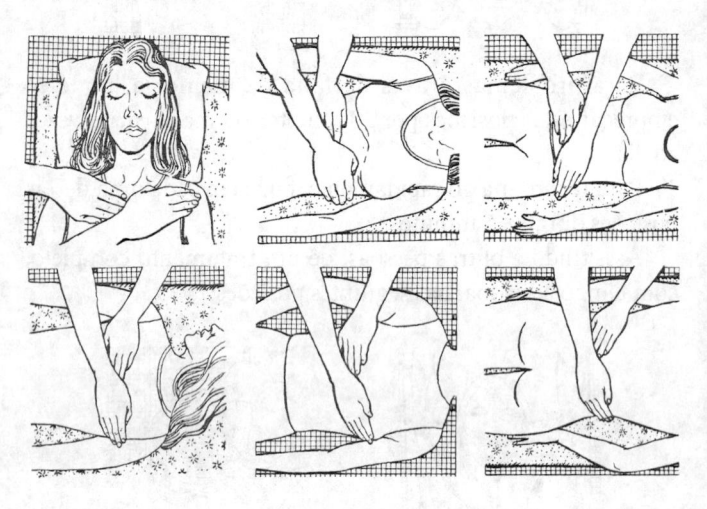

Após dar uma sessão completa, deite o paciente cuidadosamente de lado e coloque as mãos sobre os pulmões, como indica a próxima figura, por pelo menos 30 minutos. Repita para o outro lado.

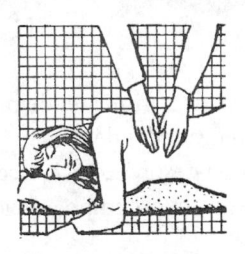

Autoestima

Ofereça uma sessão completa diariamente, com tempo adicional nas seguintes posições:

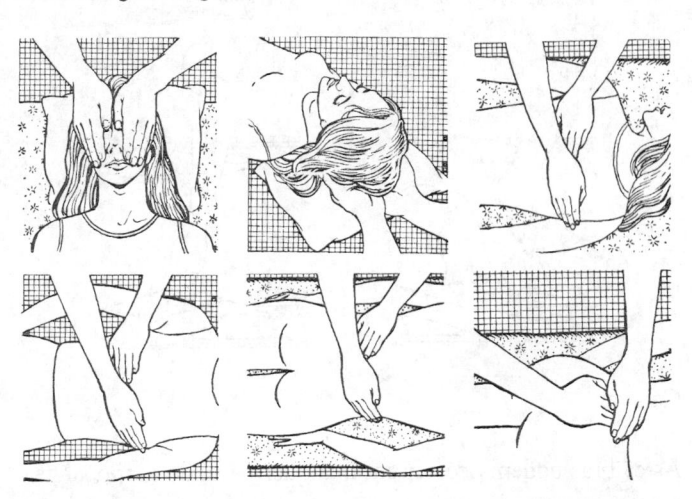

Bexiga

Ver Urinárias (desordens).

Brônquios / Bronquite

Ver Asma.

Bulimia

As pessoas que sofrem de bulimia tendem a comer compulsivamente enormes quantidades de alimentos e vomitar em seguida. Trata-se de uma desordem psíquica. Recomendam-se tratamentos completos, com tempo adicional nas seguintes posições:

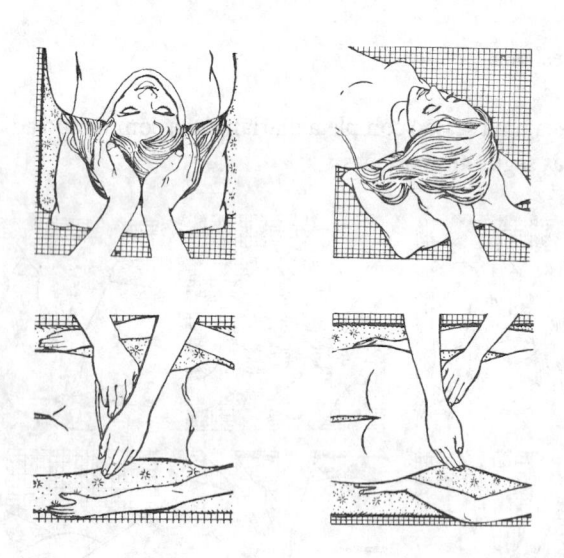

Cãibra

As cãibras podem ocorrer em qualquer parte do corpo, algumas vezes causadas por tensão muscular.

Deve-se tratar diretamente o lugar onde está localizada a cãibra até que desapareça.

Em geral, isso levará mais de 30 minutos.

Para cãibras associadas ao ciclo menstrual, comece o tratamento 5 dias antes do ciclo e continue com as sessões todos os dias até o fim do ciclo.

Aplique nas seguintes posições durante 5 a 10 minutos em cada uma:

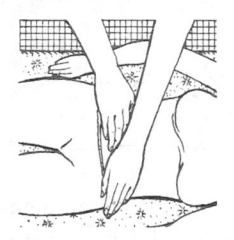

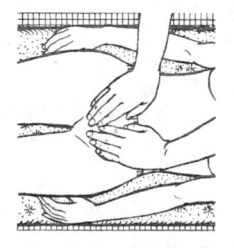

Se houver dores nas costas, aplique nas seguintes posições durante 5 a 10 minutos em cada uma:

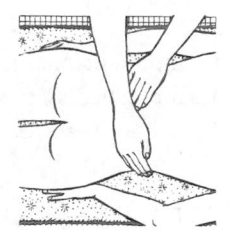

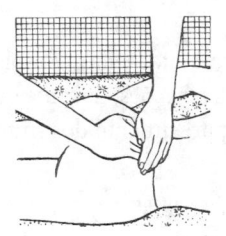

Câncer

Ao tratar o câncer, independentemente de onde este se encontre, ofereça uma sessão completa, pelo menos uma vez ao dia, durante várias semanas.

Dedique tempo adicional nas posições mostradas abaixo e na região onde o tumor está localizado.

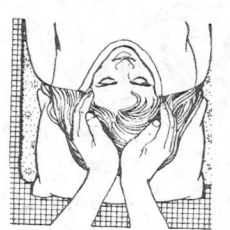

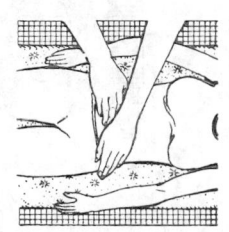

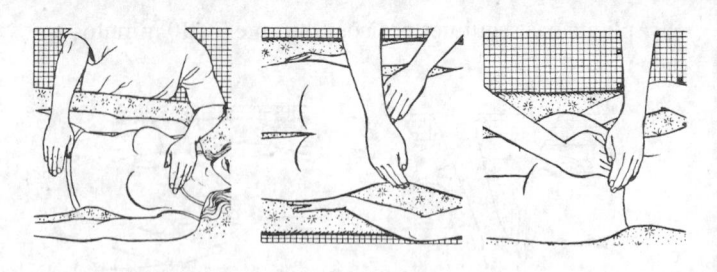

Caso a pessoa esteja sendo submetida a tratamentos de quimioterapia ou radiação, utilize o Reiki para aliviar a dor e os efeitos secundários desses processos.

Catarro

Ofereça tratamento completo, com tempo adicional nas seguintes posições, durante quantos dias forem necessários para o desaparecimento dos sintomas.

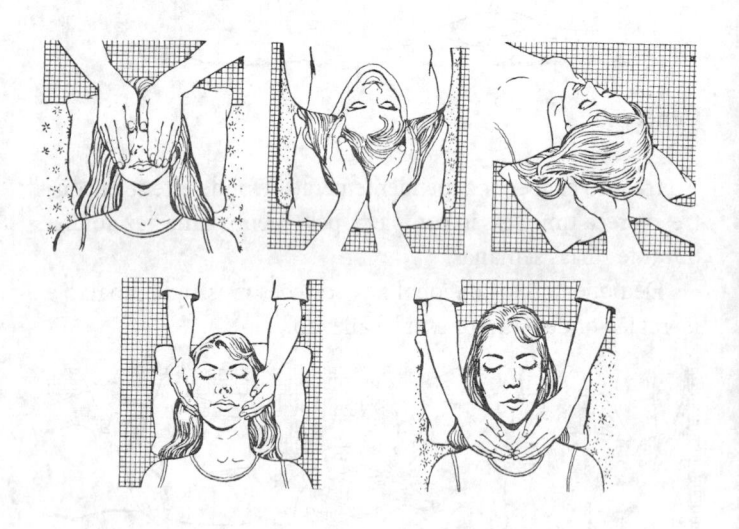

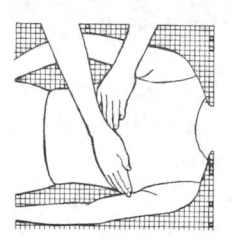

Caxumba

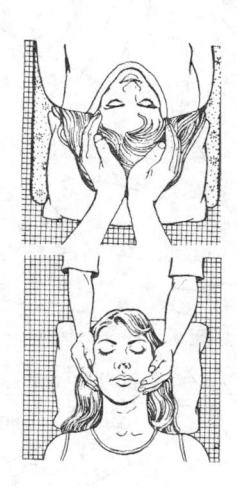

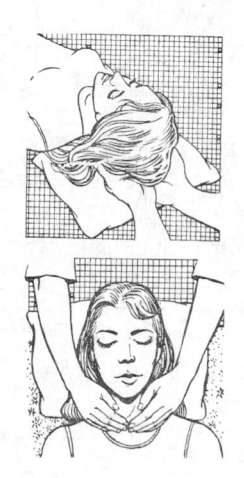

Ofereça a sessão completa, uma vez ao dia, durante todo o processo da enfermidade, com tempo adicional nas posições indicadas nas figuras acima.

Cinorexia

Ver **Bulimia**.

Circulação

Para problemas de circulação, varizes etc., ofereça tratamentos completos, com tempo adicional nas posições indicadas abaixo.

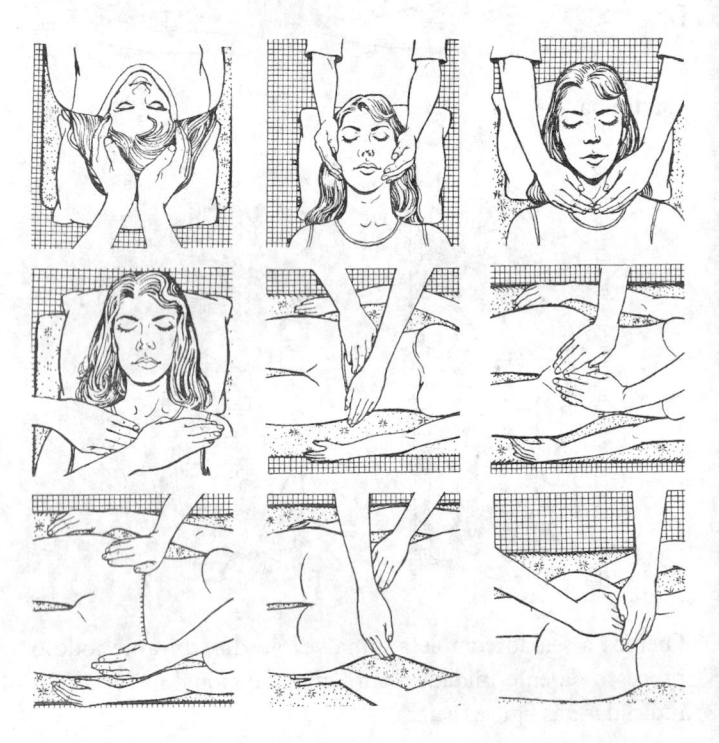

Se o problema estiver localizado nas pernas, trate a zona da virilha por 30 minutos ou mais. Em seguida, crie posições que percorram integralmente cada uma das pernas, desde a coxa até os pés, permanecendo 5 minutos em cada posição.

Ofereça, também, tempo adicional nas áreas das varizes.

Cirrose

Esta enfermidade crônica do fígado requer tratamentos completos, dedicando tempo adicional nas posições indicadas abaixo. Recomendam-se 30 minutos em cada uma dessas posições.

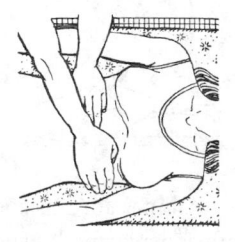

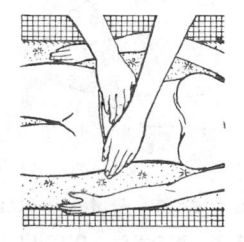

Cirurgia

Ofereça tratamento em quem vai ser submetido a uma intervenção cirúrgica, pelo menos 5 dias antes e 5 dias depois da mesma. Leve em conta que não se deve dar Reiki ao paciente que estiver sob os efeitos de anestesia (ver Anestesia).
Reiki nunca causará dano, pois é Energia Universal de Vida.

Cólica

Ofereça o tratamento completo, com tempo adicional na zona afetada, até cessar a dor.
É também recomendado para cólica em bebês. Deve-se deitá-los de bruços e colocar uma das mãos no abdômen e a outra nas costas.

Coluna

Ofereça o tratamento completo, com tempo adicional nas posições indicadas nos desenhos abaixo:

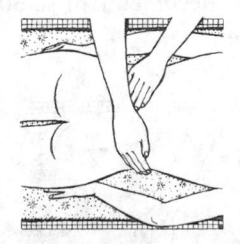

Em seguida, trate diretamente a coluna, em posições sequenciais, durante 5 minutos cada uma, percorrendo-a em sua totalidade.

Constipação (prisão de ventre)

Ofereça um tratamento completo, com tempo adicional nas posições indicadas nos desenhos abaixo, como complemento do tratamento médico.

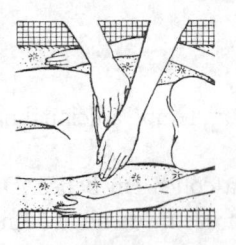

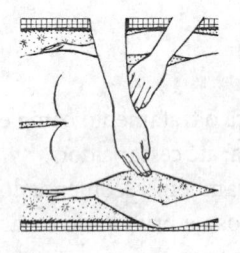

Recomenda-se, ao finalizar cada sessão, pôr uma das mãos na nuca e a outra sobre o abdômen, durante 10 minutos.

Cortes

Trate a zona afetada diretamente. Este procedimento ajudará a fechar a ferida e a deter o sangue. Algumas vezes, é necessário manter as mãos nessa posição de 30 minutos a uma hora.

Os cortes, às vezes, demoram a cicatrizar. É aconselhável tratá-los repetidas vezes. Quando necessitarem de sutura (pontos), continue tratando durante todo o período de recuperação, o que acelerará o processo.

Costas (dores)

Dar um tratamento completo, com tempo adicional nas posições indicadas nos desenhos. Em seguida, deve-se dedicar todo o tempo que se considerar necessário no lugar exato da dor, até sentir alívio.

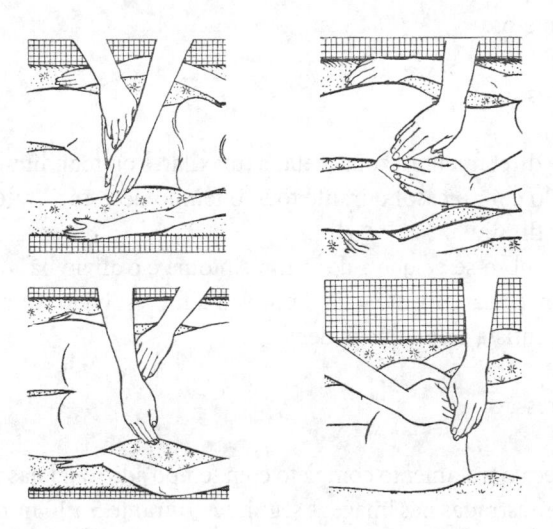

Criatividade

Uma das características do estado de saúde e equilíbrio energético do indivíduo é poder manifestar todo o potencial de sua criatividade. Com tratamentos dados assiduamente (a si próprio ou a outras pessoas), busca-se um estado de lucidez mental, de equilíbrio emocional e físico que permite expressar a criatividade ao máximo.

Prevenção

É um erro pensar que Reiki só é útil quando há problemas com a saúde. Reiki é também uma ótima técnica para trabalhar preventivamente, em busca de manutenção do equilíbrio físico, emocional, mental e espiritual.

Recomenda-se receber, periodicamente, tratamentos completos.

Dentes

Trate diretamente a zona afetada (maxilares ou mandíbula, de acordo com o caso) durante todo o tempo necessário, até que a dor diminua.

Lembre-se de que a dor é um sintoma e o alívio não significa, necessariamente, que o problema foi resolvido. Consulte um dentista assim que puder.

Depressão

Ofereça o tratamento completo com tempo adicional nas posições mostradas nas imagens seguintes, durante 5 a 10 minutos nas posições frontais e 15 a 30 minutos nas dorsais.

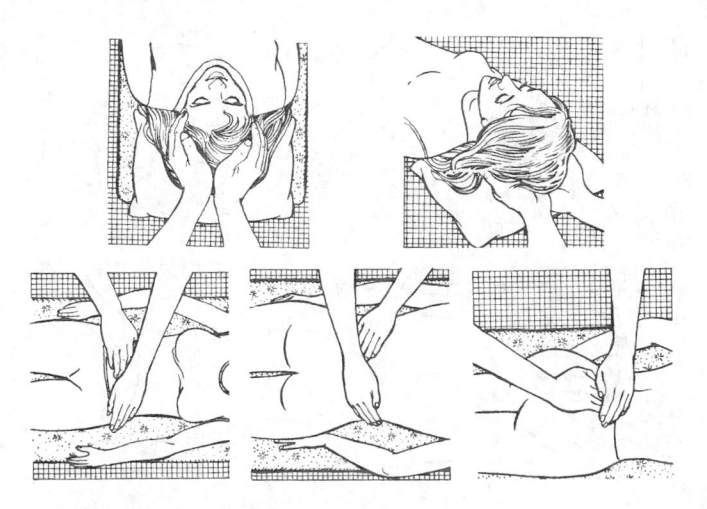

Dermatite

Ofereça o tratamento completo e tempo adicional de 10 minutos nas posições indicadas nas figuras abaixo. Em seguida, trate diretamente as zonas afetadas.

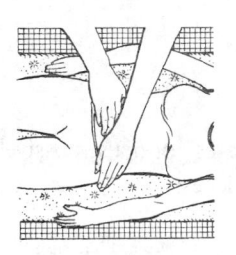

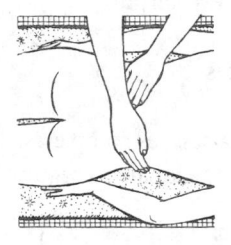

Desamparo

Reiki é uma ferramenta muito útil para tratar, em profundidade, questões de desarmonia que levam a estados de desamparo e impotência.

Ofereça uma sessão completa diariamente, com tempo adicional nas posições mostradas nas figuras seguintes.

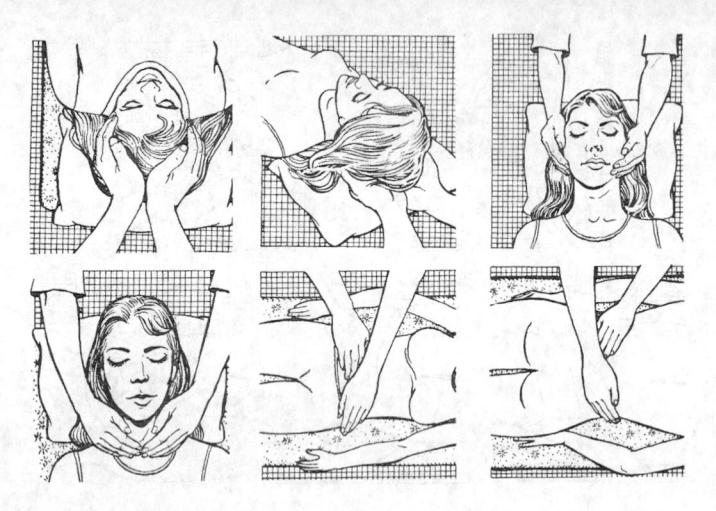

Descanso

Descansar é muito importante para repor o equilíbrio energético e emocional, tão necessário para desfrutar a vida.

Leve em conta que o Reiki *não* substitui o tempo de descanso (ver **Prevenção**).

Diabetes

Ofereça sessões completas, duas vezes por dia se possível, com tempo adicional nas seguintes posições:

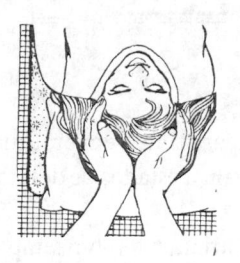

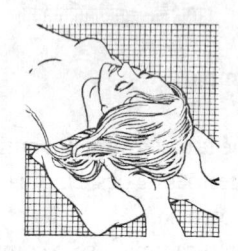

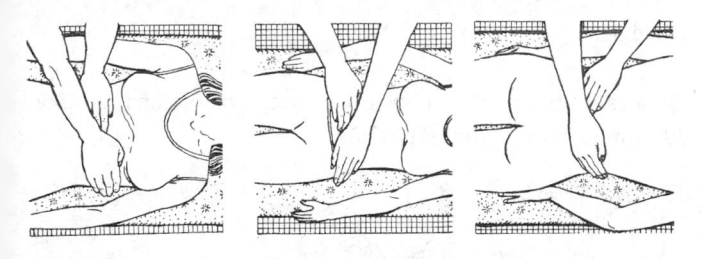

Diarreia

Complemente a medicação indicada pelo médico com aplicações, durante 15 a 30 minutos, em cada uma das posições indicadas nos desenhos abaixo quantas vezes forem necessárias, até alcançar os resultados desejados.

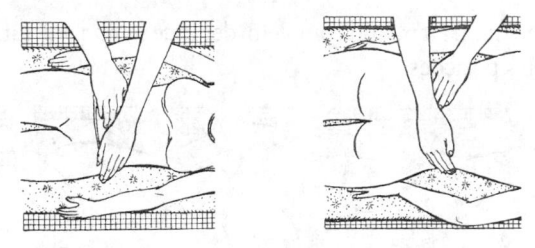

Ofereça o tratamento completo quando possível.

Digestão

Ofereça o tratamento completo, com tempo adicional nas posições indicadas nos desenhos:

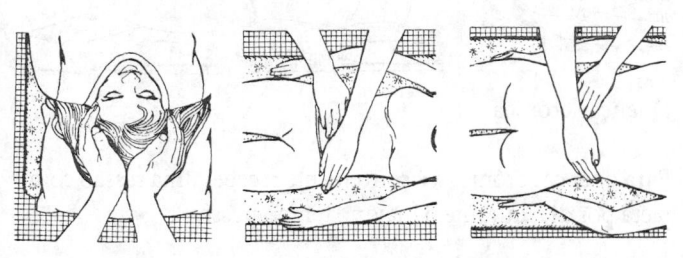

Dislexia

Ofereça o tratamento completo, com tempo adicional de 15 a 30 minutos nas seguintes posições:

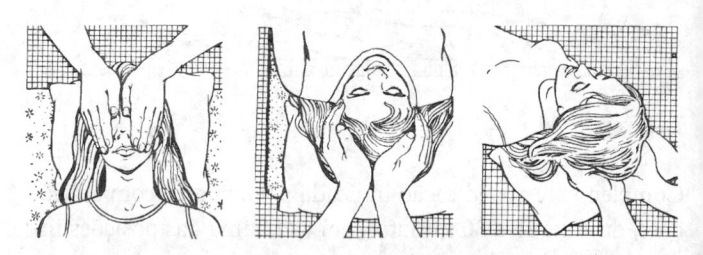

Diverticulite

Durante um tratamento completo, dedique tempo adicional às seguintes posições:

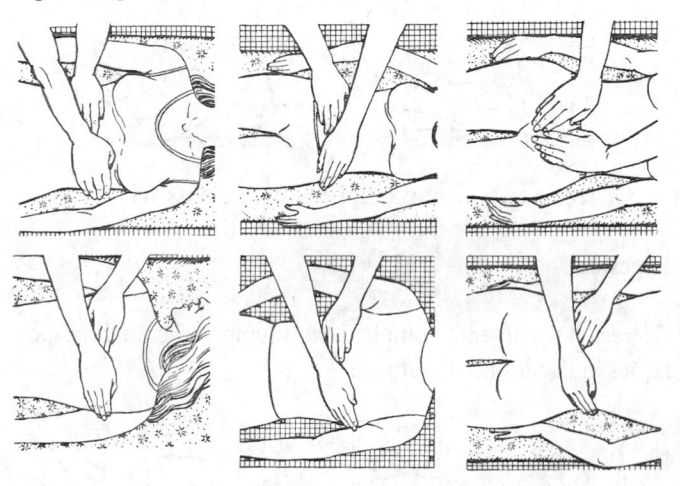

Doenças crônicas

Para doenças crônicas, é conveniente receber uma sessão completa por dia, durante o maior o tempo possível.

Dor

Reiki é uma técnica altamente efetiva para aliviar a dor e pode ser utilizada por períodos prolongados para reduzi-la em casos de enfermidades graves e/ou terminais.

Em casos de acidentes, alivia a dor rápida e efetivamente. Para isso, coloque as mãos na área afetada (ver Acidentes). Algumas vezes, é necessário mantê-los por no mínimo 30 minutos.

Pode acontecer de a dor aumentar em certas circunstâncias. Contudo, deve-se continuar com o tratamento até que o ciclo natural se complete e a dor cesse.

Lembre-se de que Reiki é perfeitamente seguro e promove o processo natural de sanação.

Dor de cabeça

Trate a pessoa diretamente nas posições da cabeça indicadas nos desenhos, pelo tempo necessário para o alívio da dor. Geralmente bastam de 15 a 30 minutos.

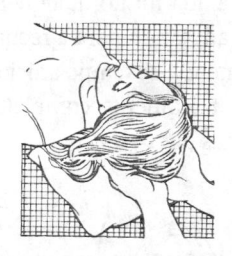

Uma vez cessada a dor, se não houver tempo suficiente para uma sessão completa, aplique, pelo menos por 3 a 5 minutos, nas posições indicadas nas figuras seguintes.

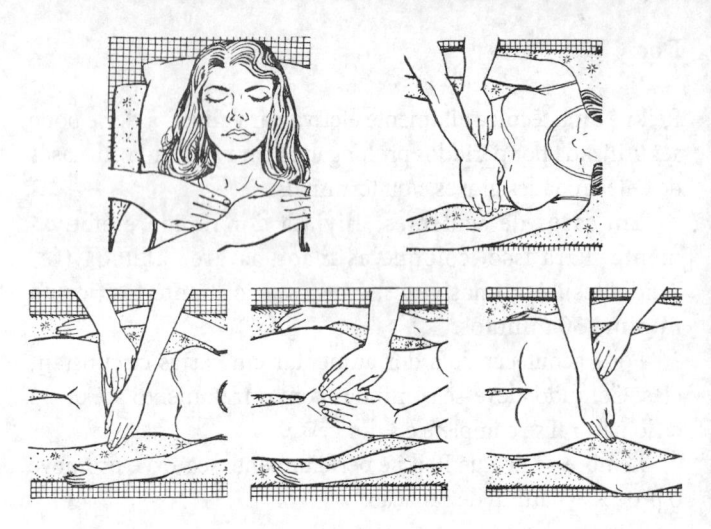

Leve em conta que um ambiente adequado, sem ruídos e com pouca luz favorece a tarefa. Se for possível, a pessoa tratada deve dormir depois da sessão.

Drogas / Adições

Reiki ajuda muito qualquer procedimento terapêutico que se esteja adotando para a recuperação de dependentes de drogas. Recomenda-se tempo adicional nas seguintes posições, durante um tratamento completo, que pode ser diário, por várias semanas ou meses:

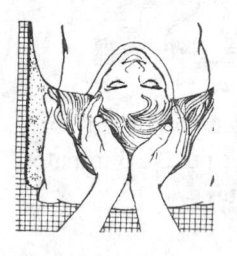

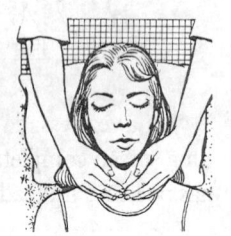

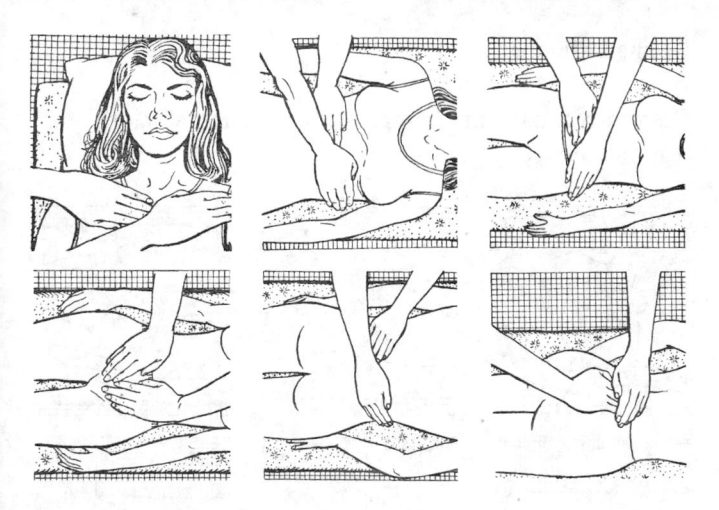

Eczema

Trate as zonas afetadas colocando as mãos diretamente sobre as mesmas e cobrindo-as com um lenço de pano ou de papel.

A seguir, ofereça o tratamento completo, com tempo adicional nas seguintes posições:

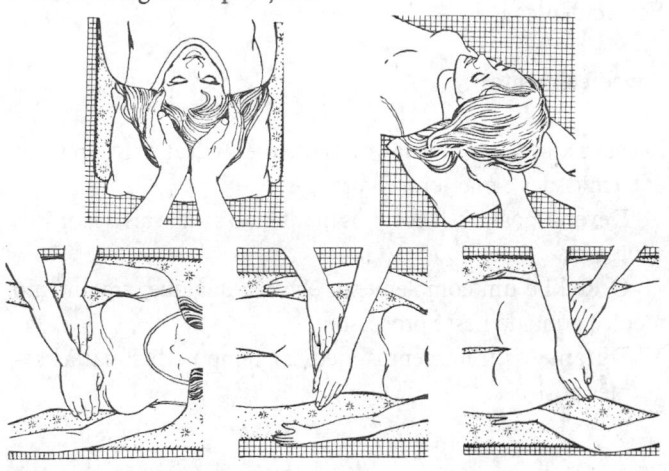

Edema Pulmonar

Ofereça o tratamento completo, com tempo adicional nas seguintes posições:

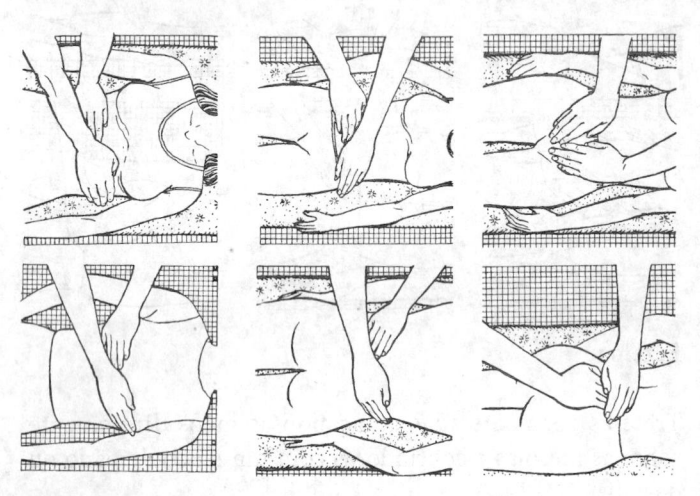

Emergências

Ver **Acidentes.**

Envelhecimento

Receber sessões completas diariamente é ideal para prevenir enfermidades e manter o vigor

Deveríamos envelhecer nos mantendo saudáveis, vigorosos e íntegros.

O Reiki é um complemento eficaz a qualquer tratamento médico adotado nesse processo.

Durante os tratamentos, dedicar tempo adicional às seguintes posições:

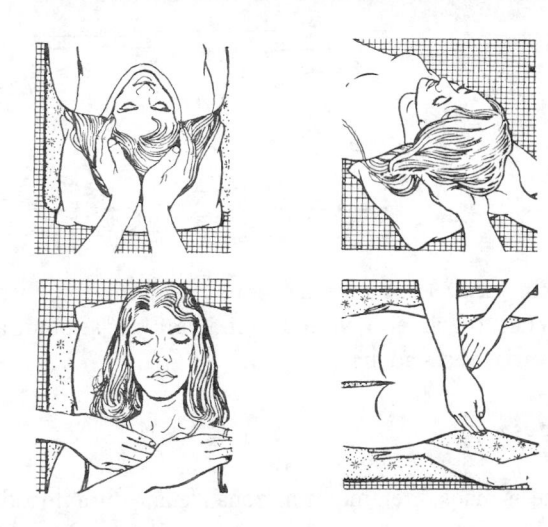

Enxaqueca

Ver **Dor de cabeça**.

Erupções

Trate diretamente a zona da erupção (colocando um lenço de pano ou de papel) durante 10 a 20 minutos. Em seguida, ofereça o tratamento completo.

Esclerose múltipla

A esclerose múltipla responde muito bem aos tratamentos de Reiki, melhorando a saúde em geral e a qualidade de vida. Recomenda-se o tratamento completo, por períodos prolongados, com tempo adicional nas seguintes posições:

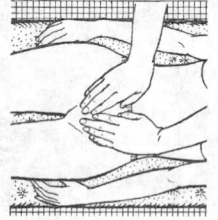

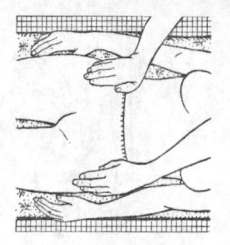

É aconselhável que a pessoa com esta enfermidade receba, pelo menos, o Primeiro Nível de Reiki para dar-se autotratamento várias vezes ao dia.

Espasmos

Coloque as mãos diretamente na zona afetada durante todo o tempo necessário, até que passe o espasmo. Em seguida, ofereça o tratamento completo.

Estresse

Os tratamentos completos são muito eficazes nestes casos e, com toda segurança, o equilíbrio que traz à pessoa a levará a reformulações importantes em sua vida. Recomenda-se o tratamento completo (3 dias consecutivos) e continue com uma sessão semanal, durante várias semanas.

Febre / Calafrios

Colocar a pessoa em uma posição cômoda, cobri-la, se for necessário, e aplicar uma sessão completa dedicando tempo adicional às posições indicadas nos desenhos seguintes. Continuar aplicando até que os calafrios cedam e/ou a febre abaixe.

Fígado

Ofereça o tratamento completo, com tempo adicional de 6 a 7 minutos nas posições indicadas nas figuras seguintes. Trate diretamente a zona afetada, sempre que puder, várias vezes ao dia.

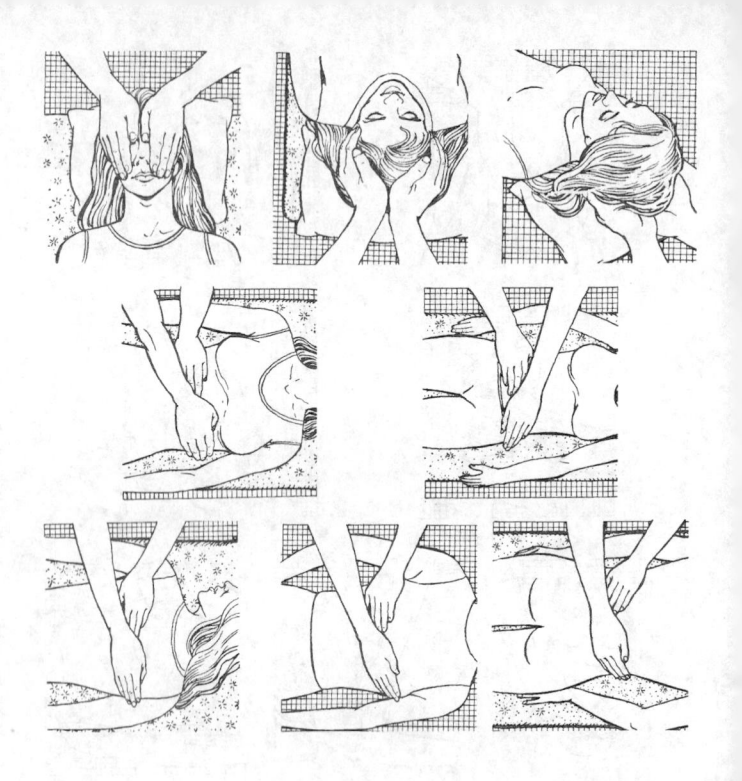

Flebite

Ofereça o tratamento completo, com tempo adicional de 5 a 10 minutos nas posições indicadas nas figuras abaixo:

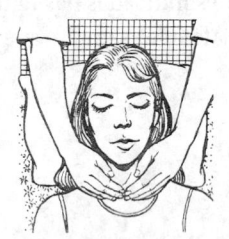

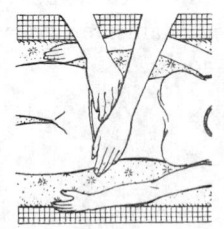

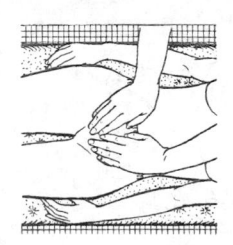

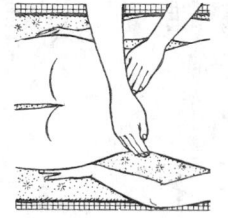

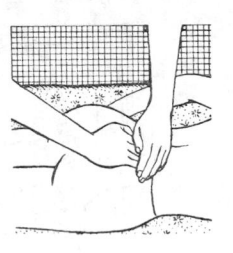

No caso de úlceras ou inchaços, trate diretamente a zona afetada por mais de 30 minutos (isolar com um lenço de pano ou de papel, se for necessário).

Fraturas

Coloque as mãos ao redor ou sobre o osso fraturado o maior tempo possível. Ajudará a acalmar a dor e a diminuir o inchaço que poderá ocorrer.

Complete a assistência com as recomendações dadas para Acidentes.

Uma vez engessada ou entalada a fratura, siga com o tratamento local quantos vezes por dia forem possíveis (15 minutos por vez).

Gastrite

Trate a zona afetada ou o local onde se manifesta a dor, pelo menos de 15 a 30 minutos, até que se sinta alívio.

Em seguida, ofereça o tratamento completo, com tempo adicional nas seguintes posições:

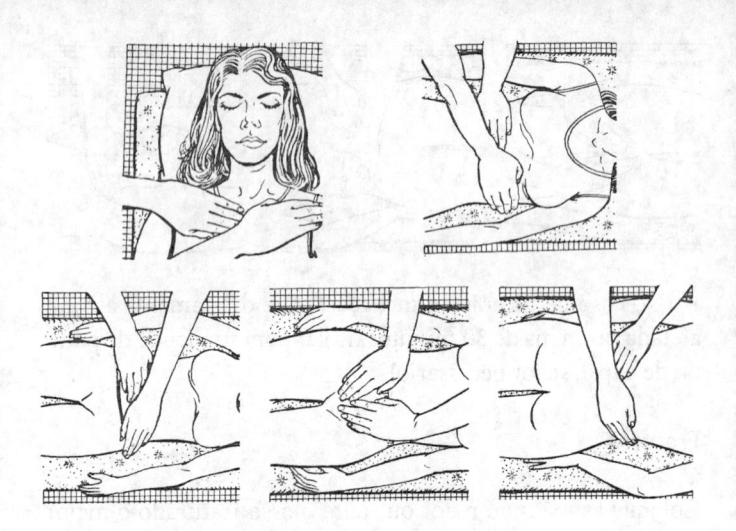

Glândulas

Os tratamentos completos são a melhor forma de se abordar alguma disfunção glandular. Durante estes tratamentos, dedique tempo adicional às zonas afetadas.

Gota

Ofereça sessão completa, se possível duas vezes por dia, até que os sintomas desapareçam.

Durante o tratamento, dedique tempo adicional às seguintes posições:

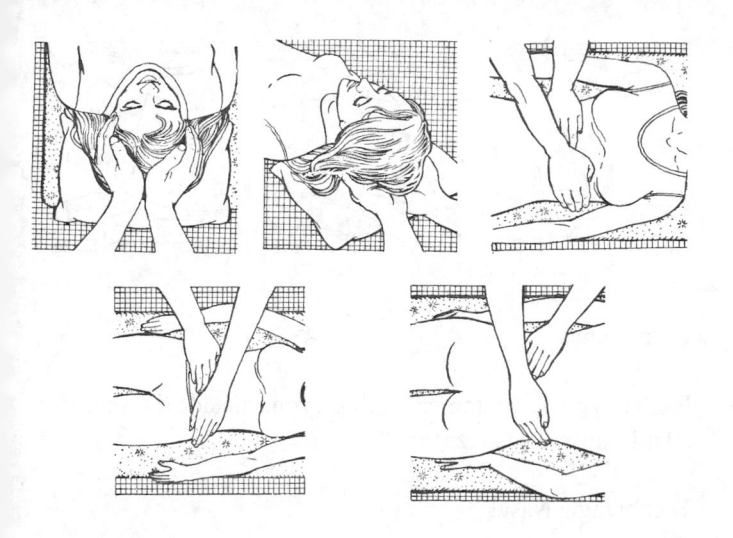

Gravidez

Reiki é muito eficiente na ajuda às futuras mamães durante a gravidez. Sua energia natural ajuda a equilibrar a mãe e também beneficia o feto nas suas diversas etapas.

Recomenda-se dar tratamentos completos somente até o sexto mês de gestação. A partir deste momento, aplique Reiki nas posições da cabeça e, no tronco, somente até a cintura.

Durante o tratamento, pode-se dedicar tempo adicional às seguintes posições:

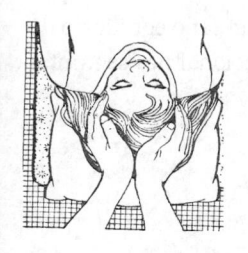

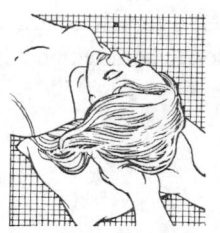

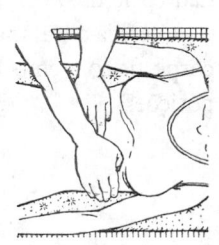

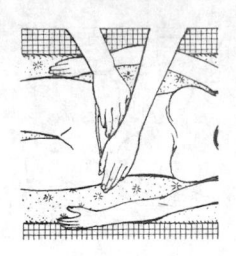

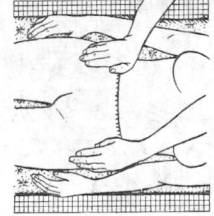

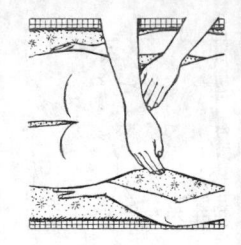

Hematomas

Ponha as mãos diretamente sobre a zona afetada durante 15 a 30 minutos, várias vezes ao dia.

Hemorragia Nasal

Recline a pessoa em um ângulo de aproximadamente de 45 graus, coloque o dedo polegar e o indicador sobre o septo nasal, a outra mão na base do crânio e uma bolsa de gelo na cabeça.

Hemorragias

Na medida do possível, ponha as mãos diretamente sobre a zona afetada durante 15 a 30 minutos, mesmo que tenha cessado a hemorragia.

Ofereça Reiki como complemento ao tratamento recomendado pelo médico.

Ofereça o tratamento completo para buscar o equilíbrio do corpo físico e emocional, com tempo adicional nas seguintes posições:

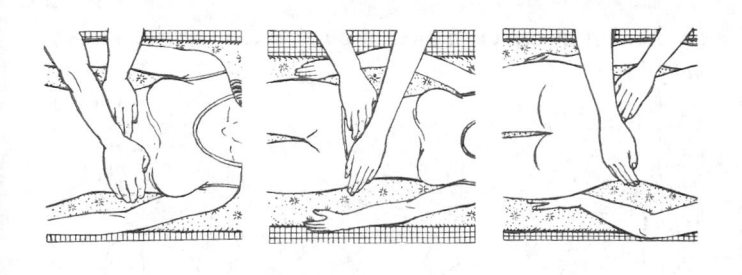

Hepatite

O tratamento completo é importante em decorrência da perda de energia do corpo físico. Dedique 10 minutos adicionais às posições seguintes e continue com uma sessão completa por vários dias, até que o médico dê alta.

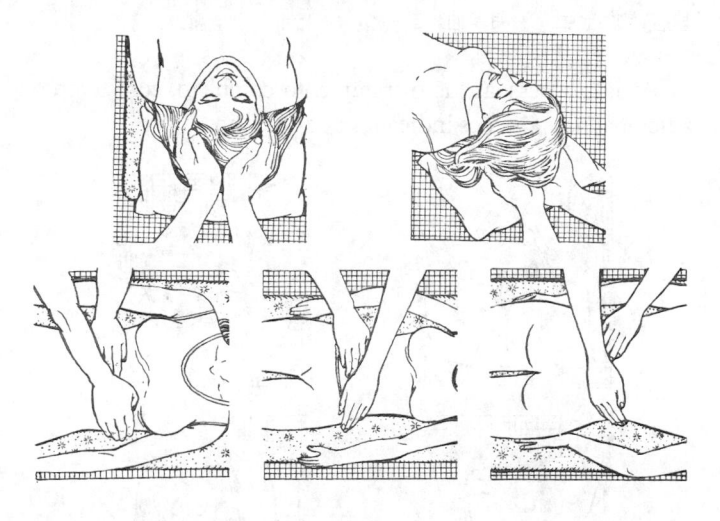

Hipertensão

Recomenda-se o autotratamento com tempo adicional nas posições indicadas nos desenhos seguintes, várias vezes

ao dia, em qualquer momento ou situação (escritório, lar, veículos etc.).

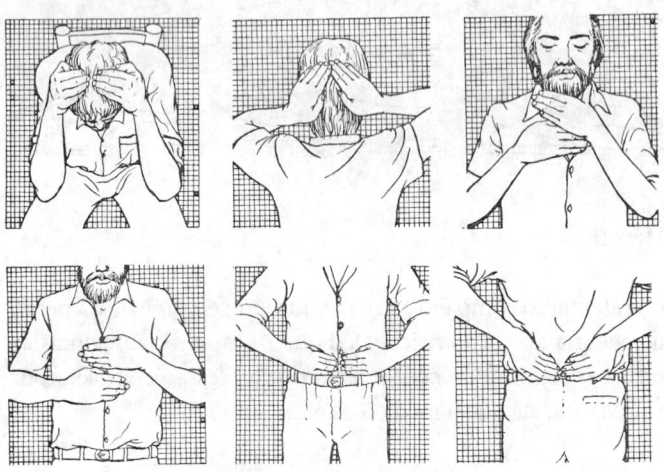

A outras pessoas, dê o tratamento completo, com tempo adicional nas posições indicadas nos desenhos:

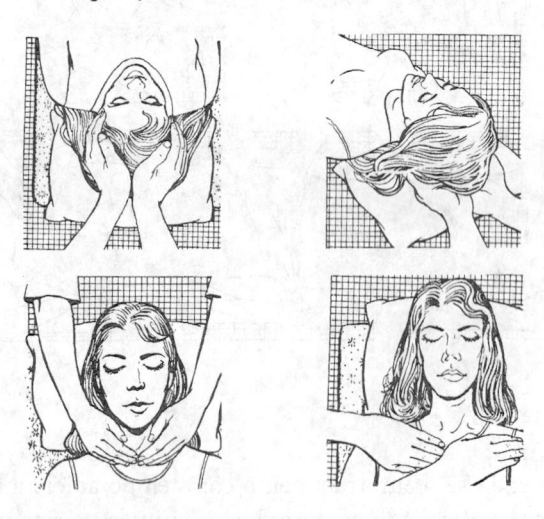

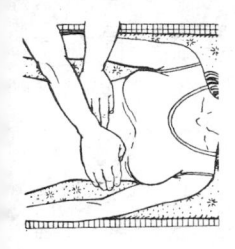

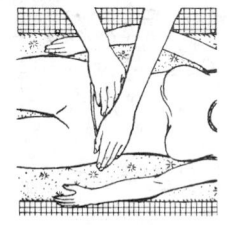

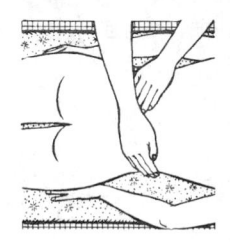

Hormonal

Para desequilíbrios hormonais, recomenda-se o tratamento completo como complemento à assistência médica.

Icterícia

Ofereça uma sessão completa com o dobro do tempo adicional nas posições indicadas abaixo:

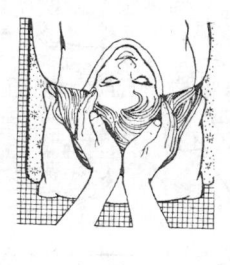

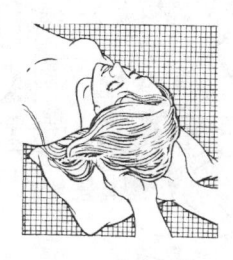

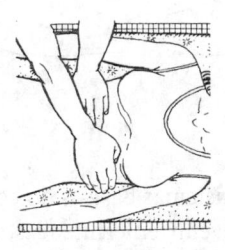

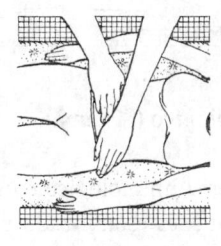

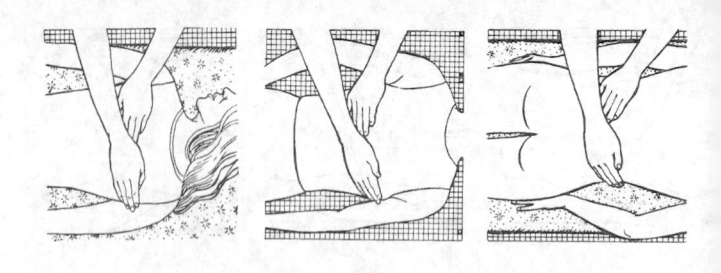

Impotência sexual

Ofereça o tratamento completo, com tempo adicional nas posições indicadas nas figuras abaixo. Em autotratamento, os homens devem acrescentar uma posição que englobe os genitais, pelo menos durante 10 minutos, várias vezes ao dia.

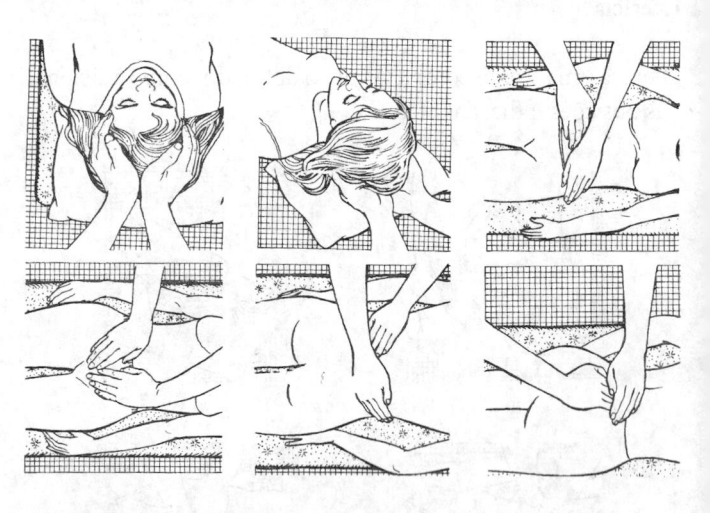

Imunológico (Sistema)

O sistema imunológico é um dos sistemas básicos do corpo e necessita ser estabilizado para prevenir enfermidades, assim como para manter o bem-estar.

É necessário dar sessões completas diariamente ou, no mínimo, dia sim, dia não.

Incapacitados

Em muitos casos, as pessoas incapacitadas são capazes de aprender a técnica e aplicá-la para restabelecer e equilibrar a Energia Vital. Reiki também ajuda a elevar e fortalecer o sentimento de autoconfiança do incapacitado.

Infecções

Ofereça uma sessão completa diariamente como complemento da assistência médica.

Se a infecção se manifestar sobre a pele, trate-a colocando um lenço de pano ou de papel sobre a zona afetada.

Dedique tempo adicional às seguintes posições:

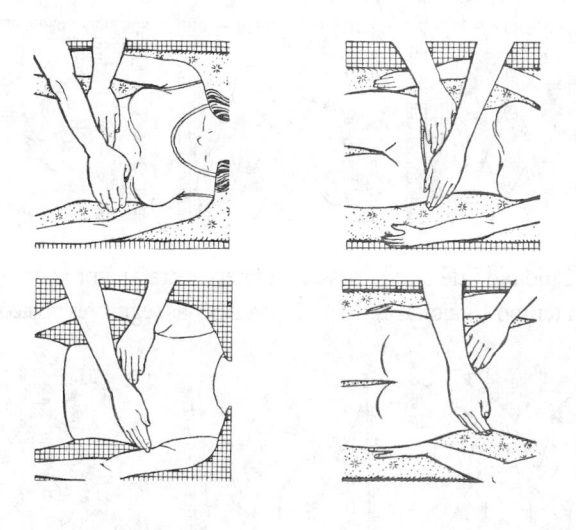

Insetos (picadas)

Após retirar o ferrão do inseto, caso haja, aplique as mãos sobre a picada cobrindo-a com um lenço de pano ou de papel, por mais de 30 minutos. Isso ajudará a diminuir o inchaço e a dor. Deve-se consultar um médico o mais breve possível.

Se houver reação alérgica, trate também as zonas linfáticas (laterais do tronco e axilas).

Repita várias vezes ao dia, até sentir alívio.

Insônia

Em autotratamento, aplique nas posições indicadas nas figuras, durante 10 minutos nas primeiras sessões e, na última, até cair no sono.

Fique, previamente, numa posição cômoda (entre almofadas ou deitado de costas).

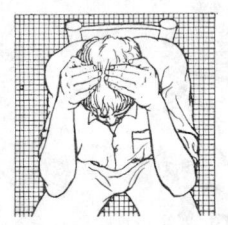

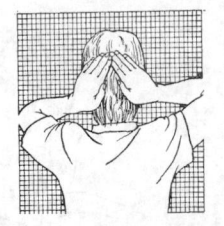

Cuidando de outras pessoas, ofereça o tratamento completo, com tempo adicional de 10 a 15 minutos nas seguintes posições:

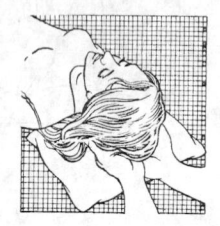

Joanetes

Pôr as mãos diretamente na zona afetada durante 30 minutos, duas vezes ao dia, por todo o tempo necessário, até obter resultados.

Joelhos

Segure o joelho afetado com ambas as mãos, uma por cima e outra por baixo e mantenha esta posição por 15 a 30 minutos, várias vezes ao dia. Em caso de artrite, ofereça o tratamento completo, com tempo adicional de 15 a 30 minutos) no joelho dolorido, aplicando, em seguida, as mãos sobre o outro joelho por 10 minutos.

Laringite

Coloque as mãos na garganta durante 30 minutos, várias vezes ao dia, e ofereça um tratamento completo.

Leucemia

Com relação à leucemia, da mesma forma que em casos de câncer, é importante o tratamento completo de Reiki dando tempo adicional nas posições indicadas nas figuras:

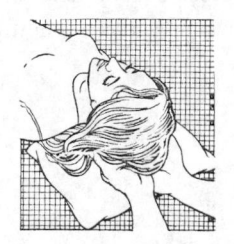

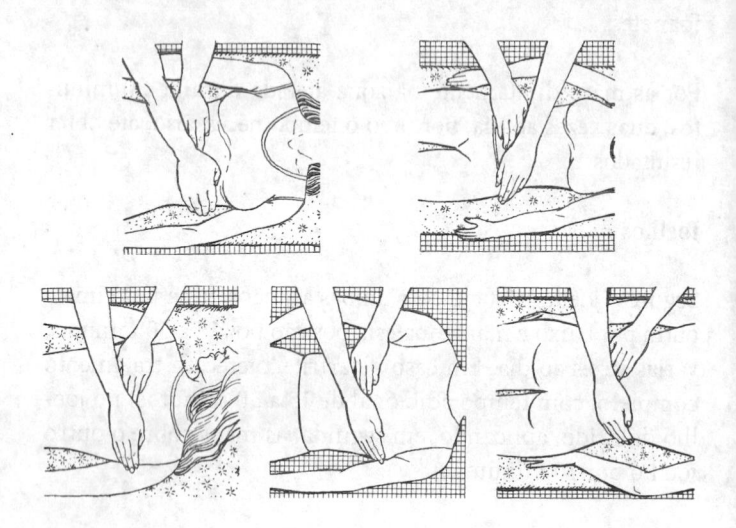

Machucados

Ver **Acidentes**.

Medo

Ver **Estresse**.

Reiki é uma ferramenta muito eficiente para enfrentar situações de medos específicos ou não

Ofereça o tratamento completo, com tempo adicional nas posições indicadas nas figuras:

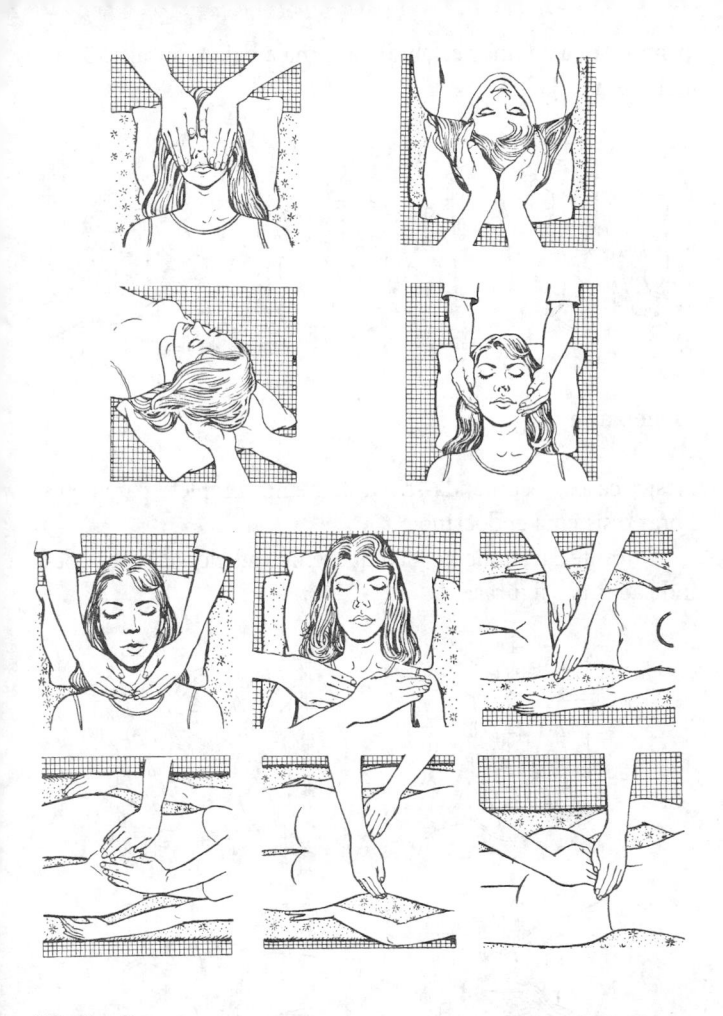

Meningite

Ofereça o tratamento completo como complemento das recomendações médicas.

Durante o tratamento, fique mais tempo nas posições indicadas nas figuras seguintes e acrescente posições que percorram a coluna vertebral, de cima a baixo, durante 5 minutos em cada uma.

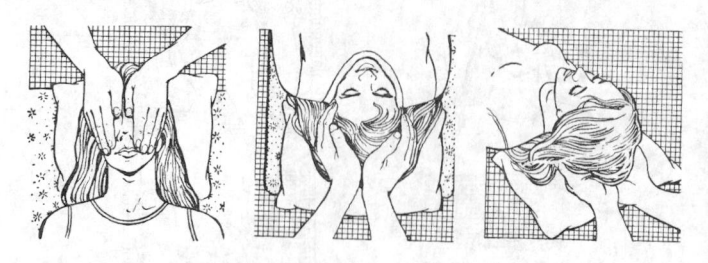

Menopausa

Nestes casos, recomenda-se o tratamento completo para equilibrar o sistema endócrino.

Durante o tratamento, dedique tempo adicional às posições indicadas nas figuras:

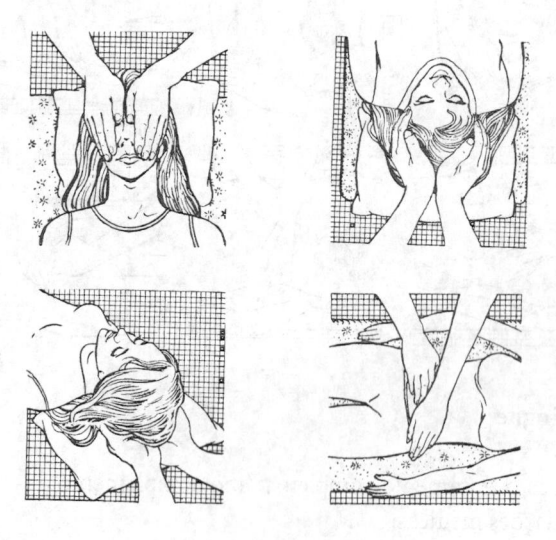

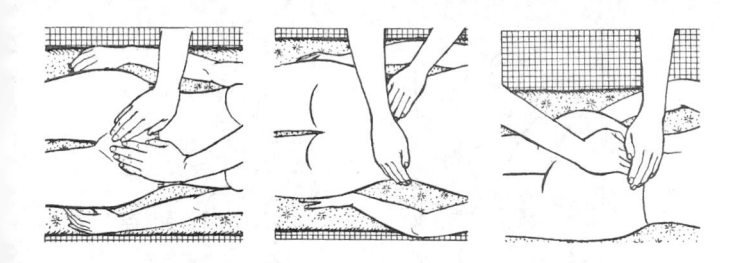

Menstruação

Para as irregularidades no ciclo menstrual, recomenda-se o tratamento completo, com tempo adicional nas posições indicadas nas figuras:

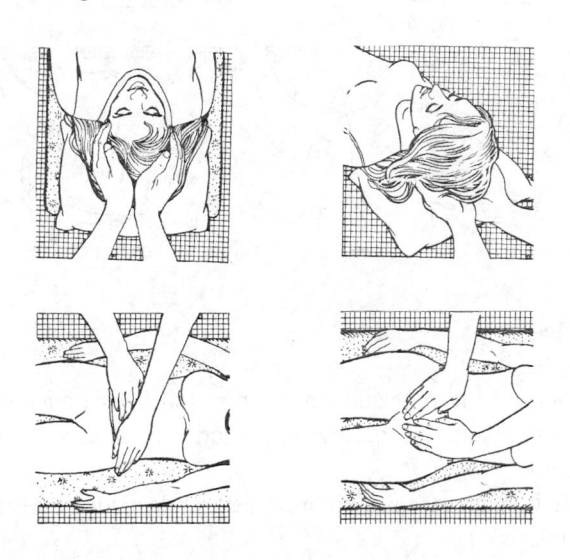

Metabolismo

Ofereça o tratamento completo, com tempo adicional nas posições indicadas nas figuras:

Morte

Deve-se ter em conta que a morte, por si só, não é uma doença e sim uma situação natural a que todos os seres vivos irão chegar.

Reiki é uma técnica amorosa de grande ajuda nestes momentos.

Os tratamentos, nestas circunstâncias, aliviam temores e angústias, ajudam a resolver assuntos que estejam pendentes e, ao mesmo tempo, proporcionam um alívio importante ao corpo físico.

Músculos

Em casos de tensões musculares, cãibras ou espasmos, aplique diretamente na zona afetada, por no mínimo 15 minutos ou até aliviar os sintomas.

Pode ocorrer a intensificação dos sintomas por um momento, porém Reiki sempre atua profundamente e não pode fazer mal.

Caso ocorra um espasmo muscular, deve-se retirar as mãos suavemente e continuar o tratamento passando para a posição seguinte. Volte à posição anterior quando o espasmo cessar.

Náuseas

Coloque a pessoa numa posição cômoda (sentada ou reclinada) e trate-a nas posições da cabeça indicadas nos desenhos, durante 5 minutos em cada uma.

Em seguida, aplique nas posições indicadas, na frente e nas costas, por aproximadamente 10 minutos cada uma.

Assim que for possível, ofereça o tratamento completo.

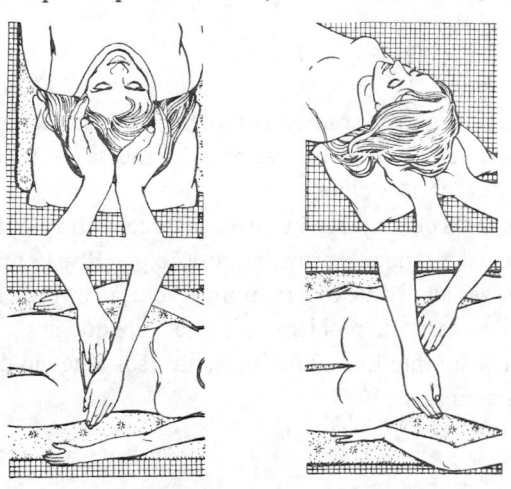

Obesidade / Excesso de peso

Os tratamentos completos são de grande ajuda como complemento de qualquer dieta. No tratamento completo, dê tempo adicional nas posições indicadas nas figuras:

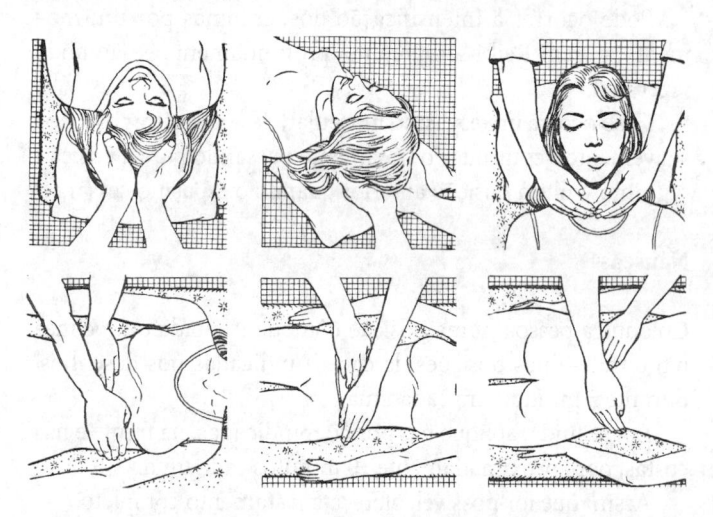

Olhos

Para qualquer disfunção ocular, ofereça o tratamento completo, com tempo adicional nas posições indicadas nas figuras seguintes. Cubra os olhos com um lenço.

Nos casos de conjuntivite ou de qualquer outra afecção circunstancial, pratique a primeira posição por 10 a 15 minutos, várias vezes ao dia, até observar uma evolução favorável.

Para os casos de problemas de visão, aplique nas posições indicadas durante 15 a 30 minutos, diversos vezes ao dia, por várias semanas.

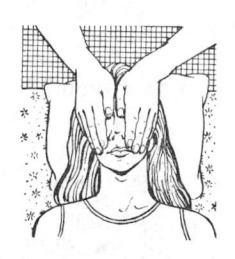

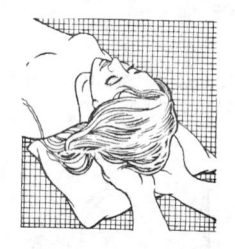

Ombros

Trate diretamente o ombro afetado (problemas articulares, distensões etc.) de 15 a 30 minutos, até sentir alívio.
Repita o tratamento, se necessário.

Ouvidos

Para qualquer afecção nos ouvidos, aplique na posição indicada no desenho abaixo por 5 a 10 minutos, várias vezes ao dia, até obter uma evolução favorável.

Em casos de infecção ou supuração, não encoste as mãos nos ouvidos, mantendo-as à uma distância de 2 ou 3 centímetros.

Para casos crônicos, mantenha a posição indicada por 15 a 30 minutos, várias vezes ao dia, durante várias semanas.

Complemente o indicado acima com tratamentos completos.

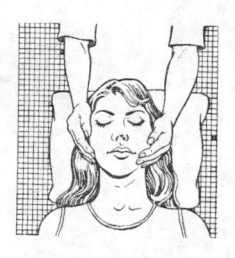

Ovários

Ofereça o tratamento completo com tempo adicional nas posições, indicadas nas figuras:

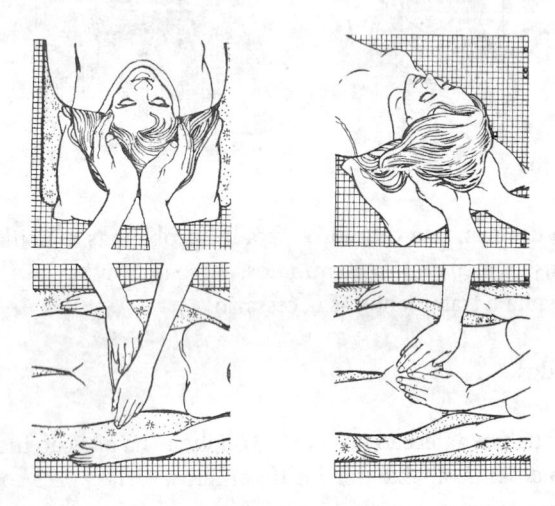

Pâncreas

Ofereça o tratamento completo, com tempo adicional nas posições indicadas nas figuras:

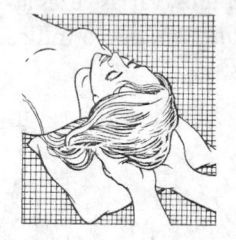

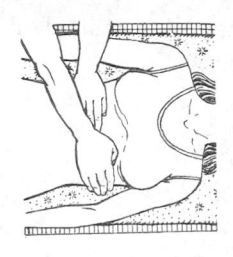

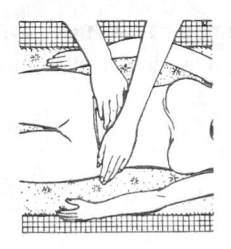

Parkinson

Ofereça uma sessão completa, uma vez por dia, durante várias semanas ou meses. Dê tempo adicional em todas as posições da cabeça.

Pode-se repetir somente as posições da cabeça, várias vezes ao dia.

Parotidite epidêmica

Ver Caxumba.

Parto

É possível ajudar muito uma mulher ou um animal nos momentos que antecedem o parto.

Durante o trabalho de parto, mantenha as posições indicadas nas figuras a seguir por 5 minutos cada uma, alternando-as e, se possível, acompanhe a parturiente até a sala de parto.

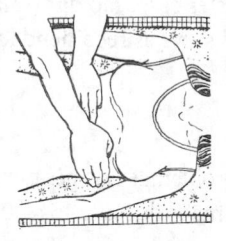

Durante o nascimento, aplique na posição indicada abaixo acompanhando a respiração da parturiente.

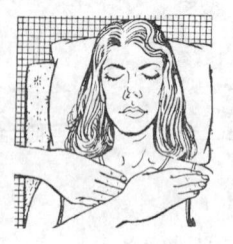

No pós-parto, aplique nas posições indicadas nas figuras abaixo durante 5 minutos cada uma, várias vezes ao dia.

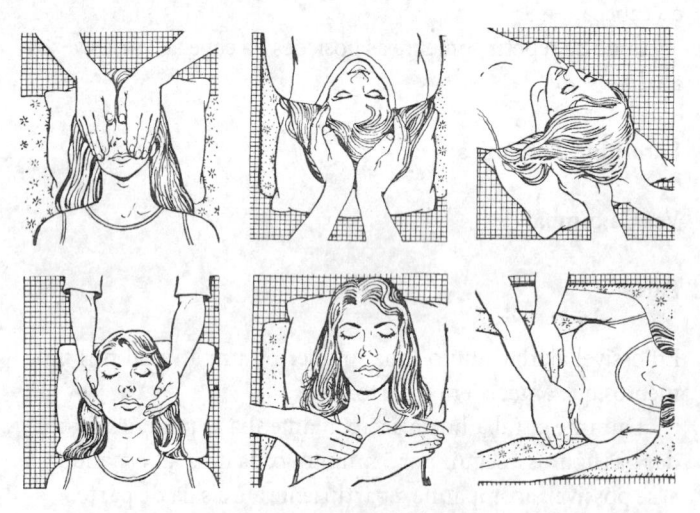

Nestes casos, ao dar tratamento de primeiro e segundo níveis, observe as recomendações dadas em Anestesia.

Pés

Para problemas nos pés deve-se segurar o pé afetado com ambas as mãos durante 15 a 30 minutos, várias vezes ao dia.

Picadas

Ver Insetos (picadas).

Piorreia

Depois do tratamento completo, aplique as mãos na zona afetada durante 15 a 30 minutos.
Repita a posição sobre as gengivas, várias vezes ao dia.

Pituitária

Dar o tratamento completo, com tempo adicional nas posições indicadas nas figuras:

Plantas

Ofereça o tratamento às plantas começando pelas raízes. Envolva o vaso com as mãos e, em seguida, cada folha ou grupo de folhas durante 10 a 15 minutos em cada posição.
Faça o mesmo com as sementes antes de colocá-las na terra e prossiga com o processo durante o período de germinação.

Pleurisia

Ofereça o tratamento completo acrescentando a posição indicada na figura a seguir durante 15 minutos.

Prossiga com tratamentos diários como complemento às recomendações médicas.

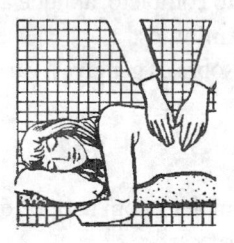

Pneumonia

Como complemento da assistência médica, ofereça o tratamento mais completo possível. É provável que o receptor não possa deitar de bruços (consulte o médico).

Empregue tempo adicional nas posições indicadas nas figuras abaixo.

Acompanhe todo o processo da enfermidade, que deverá ser supervisionada por um médico.

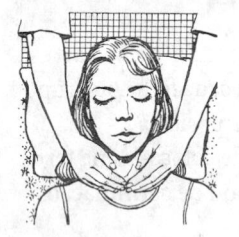

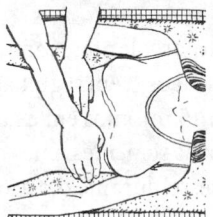

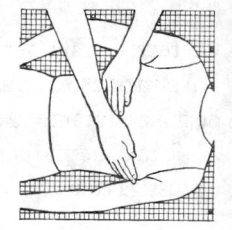

Pressão Arterial (alta ou baixa)

Como complemento das instruções do médico para problemas de pressão arterial, seja alta ou baixa, ofereça o tratamento completo, com tempo adicional nas posições indicadas nas figuras abaixo.

A Energia Vital de Reiki harmoniza, equilibra e estabiliza. Qualquer que seja o caso, o tratamento cumprirá sua tarefa.

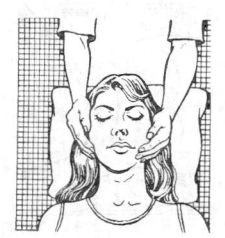

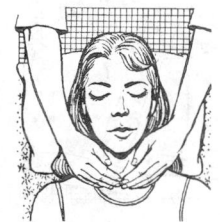

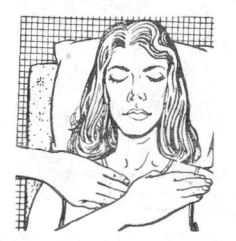

Produtividade

Ver **Descanso** e **Estresse.**

Como técnica de busca de harmonia e equilíbrio, é muito útil para ajudar o indivíduo a expressar sua produtividade.

Ofereça tratamentos completos com tempo adicional nas posições indicadas nas figuras:

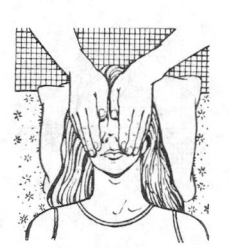

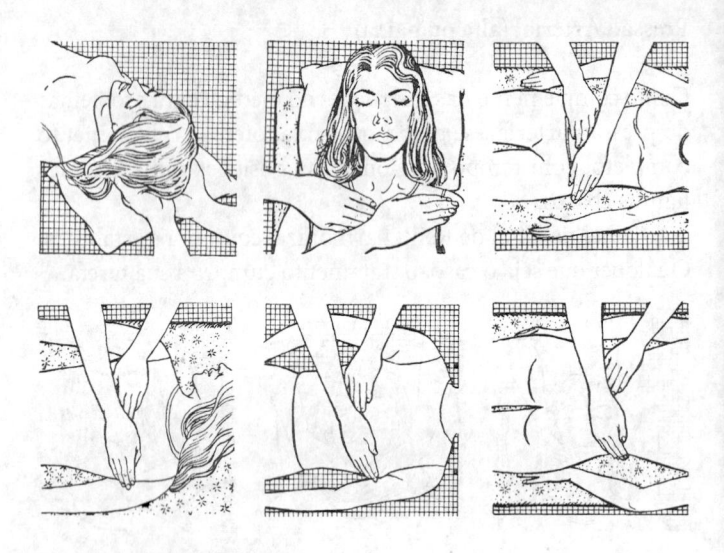

Lembre-se de que Reiki não substitui o repouso necessário nem uma boa alimentação.

Próstata

Ofereça o tratamento completo com tempo adicional de 15 minutos em cada uma das posições indicadas nas figuras.

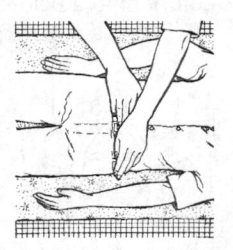

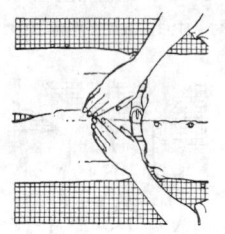

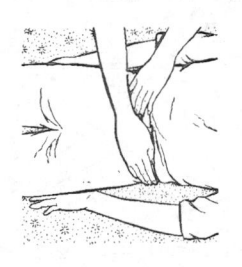

Queimaduras

1. Queimaduras no lar (água fervendo, chapas quentes etc.):

Aplique imediatamente as mãos sobre a zona afetada, sem tocá-la (a 2 ou 3 centímetros de distância), durante 20 a 30 minutos. Assim, será evitada a formação de bolhas.

Pode ocorrer que, durante o tratamento, aumente o incômodo. Não se preocupe. A passagem da Energia Vital é registrada, geralmente, como calor.

Se for uma queimadura que já está sendo tratada com medicamentos, cubra-a com uma gaze ou pano limpo. Aplique Reiki durante 20 ou 30 minutos várias vezes ao dia.

2. Queimaduras de sol:

Proceda como no item anterior mantendo as mãos a uns 2 ou 3 centímetros da zona afetada.

3. Queimaduras por frio:

Ofereça o tratamento completo com tempo adicional sobre a zona afetada, sem tocá-la, ficando a 2 ou 3 centímetros de distância nas posições indicadas nas figuras:

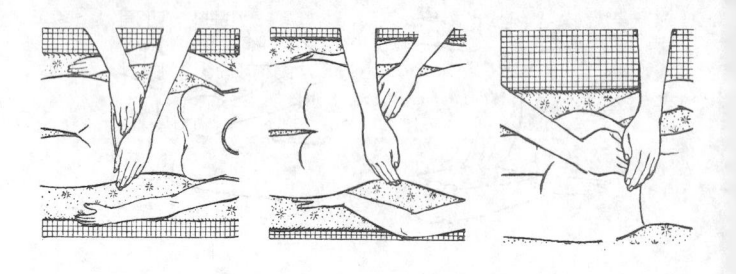

Respiração (problemas respiratórios)

Ofereça o tratamento completo, com tempo adicional nas posições indicadas nas figuras:

Rins

Ofereça o tratamento completo com tempo adicional de 5 a 10 minutos nas posições indicadas nas figuras.

Repita as sessões diariamente durante várias semanas.

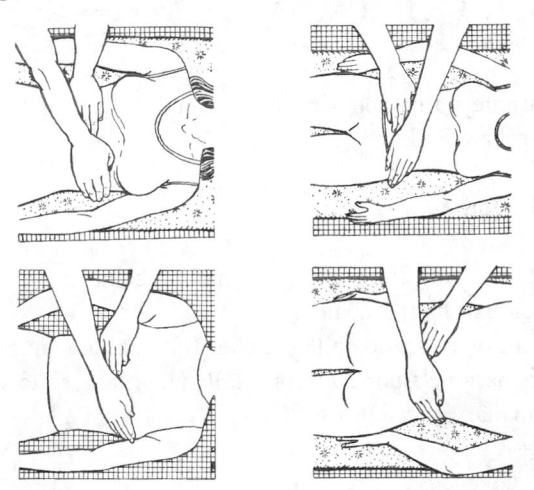

Seios (mamas)

Recomenda-se a todas as mulheres praticantes tratar seus seios segurando-os com ambas as mãos diariamente. Este tratamento é preventivo e restaurador.

No caso de caroços ou tumores, ofereça o tratamento completo, com tempo adicional nas posições indicadas nas figuras e, depois, diretamente sobre os seios durante 30 minutos.

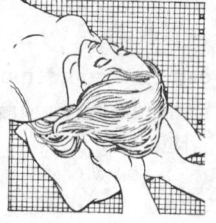

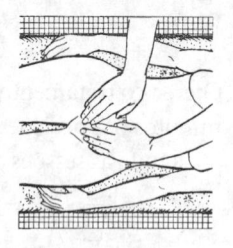

Durante a amamentação, é recomendável que os seios da mãe recebam Reiki.

Seios frontais

Dar o tratamento completo, com tempo adicional nas posições indicadas nas figuras abaixo.

Terminada a sessão de 18 posições, volte à posição número 1 e permaneça nela por 30 minutos. Repita esta posição várias vezes ao dia.

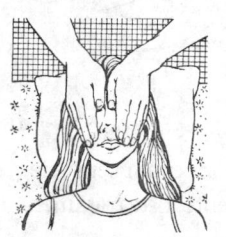

Senilidade

Reiki é de grande ajuda no processo de envelhecimento. É muito fácil de aprender e pode ser recebido por idosos que encontraram a forma de ajudar a si mesmo.

Durante o atendimento de idosos, ofereça o tratamento completo, com tempo adicional nas seguintes posições:

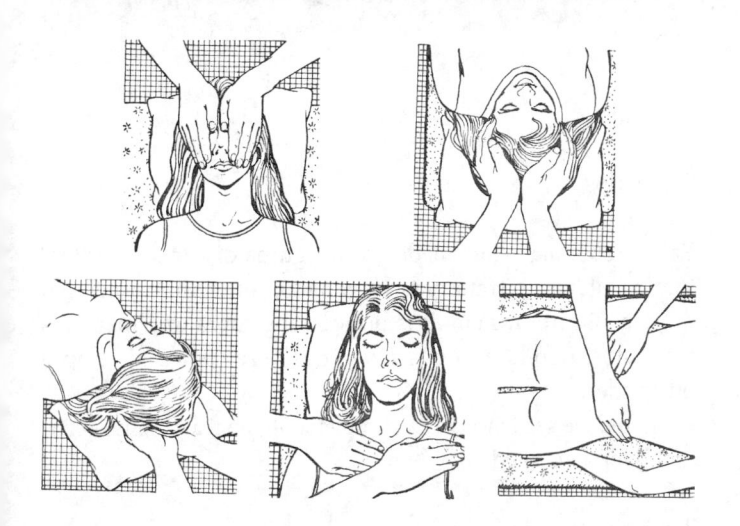

Sexualidade

Para problemas relacionados com a sexualidade, ofereça o tratamento completo, com tempo adicional nas posições indicadas nas figuras:

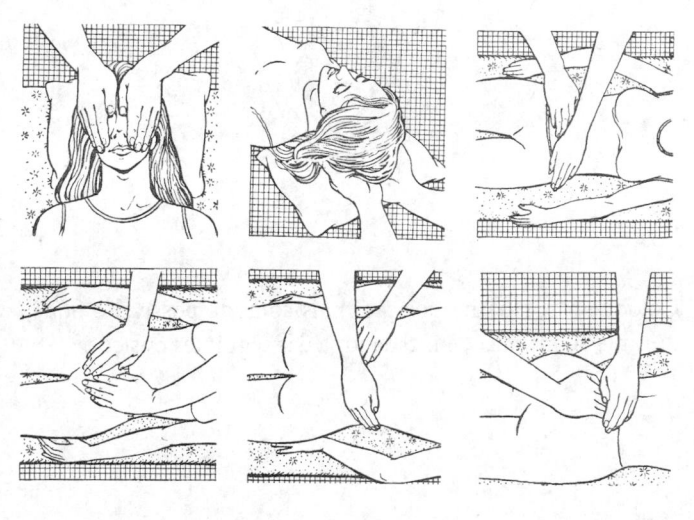

SIDA

Ver **Aids**.

Testículos

Para problemas relacionados com alguma disfunção dos testículos, ofereça o tratamento completo, com tempo adicional de 15 a 30 minutos em uma posição que cubra totalmente os testículos. Repita esta posição várias vezes por dia, sempre que puder.

Isso deve ser feito como complemento ao tratamento recomendado pelo médico.

Tireoide

Para a disfunção da tireoide, durante o tratamento completo dê tempo adicional na posição indicada na figura:

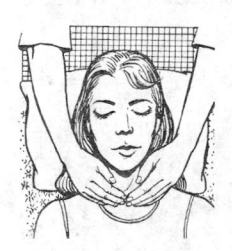

Tosse

Coloque a pessoa na posição mais cômoda possível e fique, durante 10 minutos, em cada uma das seguintes posições:

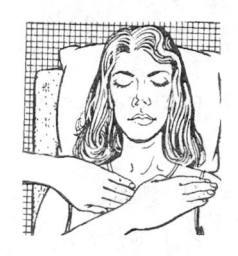

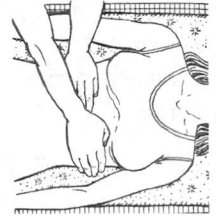

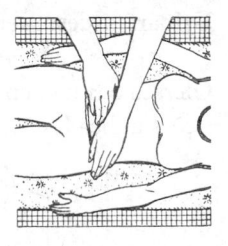

Aliviada a tosse, ofereça o tratamento completo.

Transplante

Ver **Cirurgia**.

Ofereça tratamentos completos durante o maior tempo possível antes da cirurgia e dedique tempo adicional à área do transplante.

Após a cirurgia, ofereça tratamento completo tão logo seja possível, com tempo adicional no local do transplante, até o paciente se recuperar.

Seria de grande ajuda para uma pessoa que vai se submeter a um transplante receber a iniciação de Reiki, pelo menos de primeiro nível, pelos efeitos harmonizadores da iniciação e para aplicar autotratamento.

Tumores

Ofereça tratamentos completos com tempo adicional de 30 minutos ou mais, diretamente na região do tumor. Repetir esta posição várias vezes ao dia, sempre que possível.

Úlceras

Ofereça tratamentos completos, com tempo adicional no local afetado.

Urinárias (desordens)

Ofereça o tratamento completo, com tempo adicional nas posições indicadas nas figuras:

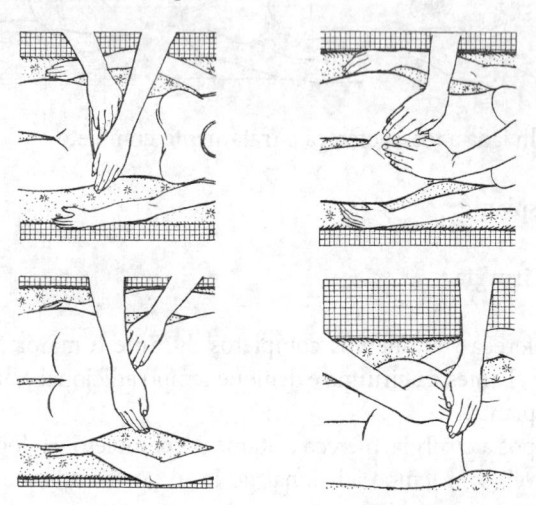

Útero

Para disfunções uterinas, ofereça tratamentos completos, com tempo adicional de 10 a 15 minutos, nas posições indicadas nas figuras:

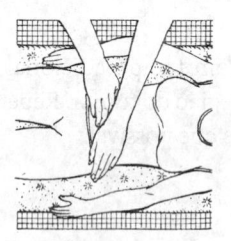

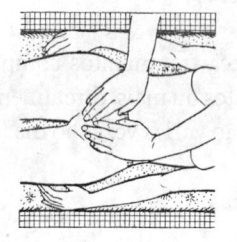

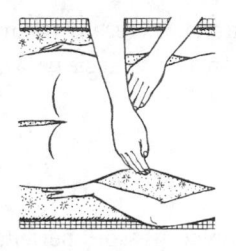

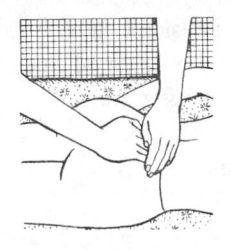

Vagina

Como complemento da assistência médica, ofereça o tratamento completo, com tempo adicional de 15 a 20 minutos, nas posições indicadas nas figuras abaixo.

Repita essas posições várias vezes ao dia.

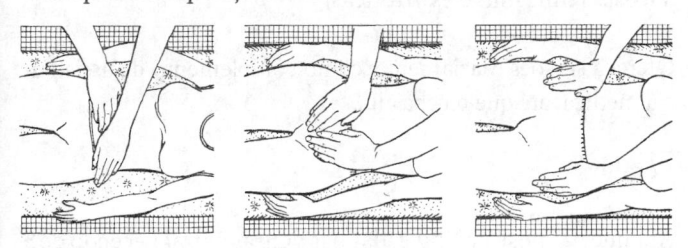

Velhice

Ver **Envelhecimento**.

Vesícula (cálculos)

Com sessões completas, administradas diariamente, aliviam-se os incômodos causados pelos cálculos vesiculares.

No caso de uma intervenção cirúrgica, ofereça assistência, como indicado em **Cirurgia**, com tempo adicional de 15 minutos no local afetado.

Se a vesícula já tiver sido retirada, ofereça o tratamento completo com tempo adicional na área da cirurgia para equilibrá-la energeticamente.

Viagens

Durante as viagens, podem-se oferecer sessões perfeitas em automóveis, aviões ou qualquer outro meio de transporte.

Deve-se dar uma sessão ao condutor do veículos durante as paradas para descanso.

Reiki ajuda aliviar a ansiedade que precede as viagens e o cansaço posterior.

Viroses (enfermidades viróticas)

Ofereça sessões diariamente, como complemento da assistência médica, até que receba alta.

Vômitos

Aplique nas posições indicadas nas figuras permanecendo de 3 a 10 minutos em cada uma delas. Após algumas horas, ofereça um tratamento completo.

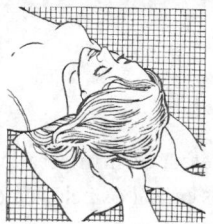

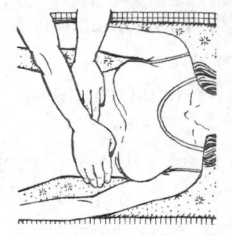

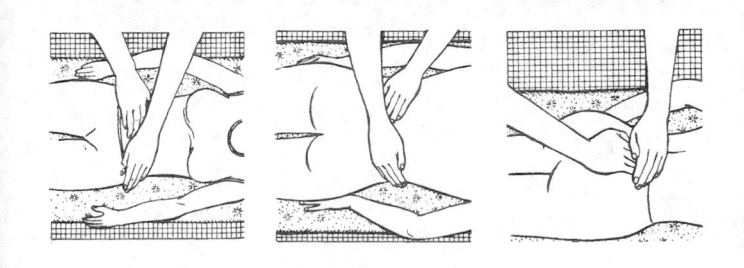

Apêndice

1
Informações adicionais

Em 1982, ocorreram divergências na Associação Americana Internacional de Reiki (AIRA – American International Reiki Association), fundada por Takata.

Alguns mestres se desvincularam criando, por sua vez, a Aliança de Reiki (Reiki Alliance) e nomearam um deles Grande Mestre (Phyllis Lei Furumoto, neta de Takata). Os que continuaram na Associação nomearam Barbara Ray como Grande Mestre.

Um terceiro grupo decidiu não aceitar as diretivas dessas duas organizações e se autodenominaram mestres tradicionais ou independentes, não formando uma instituição ou grupo. Cada mestre tomou um caminho próprio e pessoal na interpretação dessa técnica. Em muitos casos, formaram núcleos operativos e de investigação com os mestres iniciados por eles. São grupos de trabalho que podem chegar a agrupar-se em *linhas* e *correntes*.

Os autores deste livro creem que a mestra Takata, de uma maneira intencional e muito meditada, fundou uma Associação evitando a figura do grão-mestre (*sensei*)* para que a responsabilidade de praticar e divulgar Reiki fosse igualmente exercida por todos os mestres.

Pensamos também que, com essa determinação de formar a AIRA sem um grão-mestre, ia se evitar que Reiki fosse

---

**Sensei:* figura tradicional japonesa de grão-mestre.

considerado uma técnica japonesa. Com isso, confirma-se a intenção do mestre Usui de que essa maravilhosa possibilidade de ser canal de Energia Vital não ficasse reduzida à exclusividade de um grupo.

Vale a pena recordar que o mestre Usui, para chegar a isso que desfrutamos, nutriu-se dos ensinamentos que encontrou no cristianismo, no budismo, nas escrituras sutras etc.

Cada um de nós conheceu Reiki por fontes diferentes e chegou aos conhecimentos da mestria através de mestres independentes. O fato de sermos independentes nos levou a ser tradicionais e reconhecer a tradição Usui-Hayashi-Takata. Não somos independentes por rejeição, mas sim pela aceitação de que cada instituição, cada mestre, cada grupo de trabalho e, enfim, cada praticante tem algo de valor para trazer a esse caminho recém-começado.

Às organizações que recebem em seu núcleo vários mestres tem o nosso reconhecimento, pois permitem formar um consenso sobre interpretações de conceitos fundamentais a transmitir, de forma oral ou escrita, a fim de enriquecer essa técnica com o cuidado de manter a estrutura original do método Usui.

2
Reflexões sobre a vida do Dr. Usui

Nós, os autores, temos conhecimento de que alguns mestres de Reiki questionam a história do Dr. Usui, tal como foi relatada no capítulo 8.

Menciona-se que não há registros de que o Dr. Usui tenha sido diretor da Universidade Doshisha em Kyoto e que tampouco tenha sido comprovada a sua passagem pela Universidade de Chicago.

Por causa disso, acredita-se que o Dr. Usui tenha sido ministro budista e que o fato de mencioná-lo como cristão, nas histórias conhecidas até agora, corresponde à necessidade de ganhar a simpatia dos norte-americanos para essa técnica. Devemos lembrar que Reiki chegou ao Havaí logo após o ataque japonês a Pearl Harbour. Durante o pós-guerra, os norte-americanos estavam especialmente sensibilizados com tudo que fosse japonês.

Na análise que fizemos da situação política e religiosa, notamos a correlação entre a data provável de nascimento do Dr. Usui, o reingresso do cristianismo no Japão (após 250 anos) e o especial interesse que tinham as autoridades em estudar tudo o que fosse de origem ocidental.

Os japoneses estudaram em especial o cristianismo, por considerá-lo revolucionário, tornando-se assunto de trabalho durante muitos anos.

Sabemos que vários tratados daquela época dedicados a esse tema, sobre os diferentes povos que abraçaram o cristianismo, seriam investigados e questionados e chegou-se à conclusão de que houve exemplos muito distintos da aplicação de seus princípios.

Um dos fatos mais importantes foi a observação de que o sistema religioso de amor, justiça e igualdade do cristianismo não se harmonizava com a vida cotidiana na qual apareciam inumeráveis injustiças.

É muito importante levar em conta que, nos 250 anos de isolamento do Japão, o budismo, como religião oficial e obrigatória, considerava que todo ato da vida cotidiana tinha um significado religioso e, baseados nesta vivência, analisavam tudo que viesse do ocidente.

Como síntese, podemos afirmar que o Dr. Usui era um conhecedor do cristianismo e do budismo. Fica o desafio para todos os interessados e para nós mesmos continuarmos com a investigação.

Esperamos, assim, que fique claramente definida a origem religiosa do Dr. Usui. Isso, porém, não modificará em nada sua intenção em deixar essa técnica, que hoje conhecemos, aberta a toda a humanidade, independentemente das crenças religiosas, filosóficas, culturais ou políticas, da cor da pele ou do idioma em que se expresse.

3
Reflexões sobre a vida do Dr. Hayashi

Em vários textos, a figura do Dr. Hayashi é mencionada de passagem, sem ser analisada. E, em alguns casos, evitada.

Temos observado que os relatos são modestos e pouco claros.

Por exemplo, diz-se que:

... *Reiki foi redescoberto nos meados do século passado por Mikao Usui, monge cristão...**

... *pouco antes de sua morte, o Dr. Usui confiou ao mais entusiasta dentre eles, o Dr. Chujiro Hayashi, antigo oficial de Marinha, a responsabilidade de perpetuar a tradição Reiki.***

Como o Dr. Hayashi não queria ver-se envolvido de modo algum na contenda que se avizinhava, decidiu organizar sua passagem a outro plano...***

Esta história, contada desta forma, nos diz pouco e nos leva a algumas considerações.

No ano de 1900, Hayashi tinha 22 anos. Alistar-se na Marinha Imperial permitiria que ele se formasse em distintas disciplinas que, anos depois, seriam úteis na vida civil.

O Dr. Hayashi atuou ativamente na guerra contra a Rússia (1905/1906), adquirindo grande experiência médica na tarefa de salvar vidas.

---

*Tarozzi, Giancarlo. *Reiki, energia y curación*. Edaf, Madri, 1993, p. 25.
**Horan, Paula. *Reiki*. Ibis, Barcelona, 1993, p. 31.
****Ib.*, p. 32.

Dez anos mais tarde, sendo já um veterano de guerra e podendo retirar-se da Marinha Imperial, aceitou o desafio que lhe foi proposto pelo Dr. Usui. Após trabalharem juntos durante muitos anos, recebeu a mestria em Reiki em 1925 (aos 47 anos).

Hayashi foi um lutador incansável e, fiel a si mesmo, renunciou a uma vida tranquila e com honrarias para aprofundar-se no estudo do Sistema Usui e alcançar o máximo com um mínimo de tempo e esforço.

Desde seu encontro com Takata até a sua morte, transcorreram-se seis anos de intenso trabalho.

Nesse período, ele não só pressentiu a queda do Império, como também o fim de sua vida física. É por isso que, em 1941, a Sra. Takata viajou ao Japão e permaneceu junto a ele durante vários meses, até a sua morte.

O Dr. Hayashi morreu aos 63 anos rodeado de familiares e alunos, assumindo esse passo como algo natural.

Surge-nos a seguinte pergunta: pode uma pessoa, com os valores do Dr. Hayashi, decidir abandonar a vida ao ser convocado para a guerra pelas Forças Armadas de seu país?

Cremos que não, sobretudo se admitirmos que sua função como médico era salvar vidas humanas.

Embora os japoneses tenham um grande sentimento de honra e costumassem usar a cerimônia do haraquiri para saldar suas dívidas, não tomavam a decisão de tirar suas vidas tão facilmente como se pode crer no Ocidente.

Quase todos os livros publicados em castelhano foram escritos por discípulos da Aliança de Reiki. Eles mencionam que Phyllis Furumoto, hoje diretora da Aliança, tinha 29 anos quando sua avó, a mestra Takata, morreu.

Não sabemos por que a história dos três Grandes Mestres é transmitida de maneira tão sintética e sem se aprofundar demasiado nas circunstâncias realmente difíceis em que trabalharam.

Estamos muito seguros do respeito que merece o trabalho do Dr. Hayashi, que foi demonstrado na sequência de posições descritas no capítulo 13, cuja planificação engloba os centros mais importantes do corpo humano.

Podemos também acrescentar que o Sistema Usui de Harmonização Natural funciona muito bem, tal como é praticado na atualidade, independentemente dos conhecimentos que cada pessoa tenha da história dos Grandes Mestres.

O que nós mestres sentimos hoje é que valorizar seus esforços e conhecer as dificuldades que atravessaram para poderem ser reconhecidos, nos ensina a amar nosso trabalho com Reiki e a não desistirmos ante os obstáculos com os quais nos defrontarmos. Esta é a mensagem que queremos transmitir aos praticantes.

4
Cronologia e fatos históricos

Ao cotejar fatos históricos e datas prováveis da história de Reiki e seus mestres, em livros distintos, observamos que muitos deles são contraditórios.

Após várias verificações em livros de história do Japão e da América, obtivemos a sequência abaixo de datas e fatos.

Incluímos os dados que seguramente conhecemos da história de Reiki e, por dedução lógica, completamos com as datas aproximadas do nascimento do Dr. Usui, de suas viagens e do encontro com o Dr. Hayashi.

1603	O Japão fecha suas fronteiras. Proíbe-se todo o contato com o Ocidente. Proíbe-se, sob pena de morte, o cristianismo.
1853	Os EUA pedem a abertura do porto ao Japão e é recusado.
1854	Primeira rendição incondicional do Japão ante os EUA e seus aliados.
1858	Nascimento de Mikao Usui.
1861/65	Guerra de Secessão nos EUA.
1867	Com 15 anos, assume o jovem imperador Mutsu-Hito. Começa a era Meiji.
1870	Reingresso do cristianismo no Japão através dos jesuítas.
1875	Ingresso de Usui, como estudante, em um seminário cristão.

1878	Nascimento de Chujiro Hayashi.
1894	Usui viaja aos EUA.
1898	O Havaí passa a ser um estado dos EUA.
1900	Nasce a Sra. Hawayo Takata no Havaí (24 de fevereiro).
1908	Usui, aos 50 anos, tem Reiki em suas mãos.
1915	Encontro de Usui e Hayashi, em Kyoto (Usui tem 57 anos e Hayashi, 37).
1920	Começa a funcionar a clínica em Tóquio sob a direção do Dr. Hayashi.
1925	Aos 47 anos, Hayashi é iniciado como mestre de Reiki por Usui.
1929/30	O mestre Usui deixa o corpo delegando ao mestre Hayashi a preservação do que havia sido alcançado até aquele momento.
1935	Encontro Hayashi – Takata (Hayashi tem 57 anos e Takata, 35).
1938	Takata trabalha com Reiki no Havaí.
1939	Takata é iniciada como mestra de Reiki.
1941	O mestre Hayashi abandona seu corpo e deixa à Sra. Takata a tarefa de cuidar de Reiki, como Grande Mestra. Declaração de guerra Japão – EUA.
1945	Bombas atômicas em Hiroshima e Nagasaki. A mestra Takata tem que conviver, durante muitos anos, com o conflito de pertencer, por nascimento, a um povo que questionava todas as origens que ela amava.
Até 1970	A mestra Takata trabalha muito e cuidadosamente.
1973/80	A mestra Takata inicia 23 discípulos no mestrado de Reiki. É fundada a Associação Americana Internacional de Reiki (AIRA).
1980	Takata deixa seu corpo em 11 de dezembro.

1983   É fundada a Aliança de Reiki (Reiki Alliance).
1982/95 O Ocidente começa a conhecer Reiki.

Deixamos aqui caminho aberto para quem aceitar o desafio de prosseguir na investigação e confirmar ou retificar esta história.

5
Onde e como aprender Reiki

O Sistema Usui tem uma só maneira de ser outorgado: de mestre a aluno, de forma direta e pessoal.

Usui teve os conhecimentos de como incorporar energeticamente os símbolos habilitadores nos seres humanos e atribuiu a seu sistema quatro passos progressivos.

- **Primeiro passo (primeiro nível ou grau)**

É obtido assistindo-se a um seminário de aproximadamente 18 horas de duração, sob a orientação de um mestre certificado.

As pessoas sintonizadas (abençoadas ou iniciadas) estão capacitadas a canalizar a Energia Vital Cósmica através de suas mãos e podem trabalhar com o simples ato de colocá-las sobre aqueles que devem ser harmonizados.

- **Segundo passo (segundo nível ou grau)**

É obtido em outro seminário, com duração semelhante ao anterior.

É aconselhável que haja transcorrido certo tempo (não menos que três meses) após a iniciação no primeiro nível, sendo imprescindível a experiência de tratamentos a outras pessoas.

Em novas Sintonias, são acrescentados energeticamente Símbolos que logo poderão ser utilizados em si próprios ou em outros seres. Junto a estas sintonizações, é passado o conhecimento das formas e nomes de alguns deles e de como empregá-los.

- **Terceiro passo (terceiro nível ou grau)**

É obtido após trabalhar-se durante algum tempo dando tratamentos de primeiro e segundo níveis e quando o aluno decidir acompanhar o seu mestre, ajudá-lo em sua tarefa e receber os ensinamentos para completar o seu mestrado.

A pessoa é sintonizada como mestre de Reiki e lhe são passados os conhecimentos de como sintonizar outros no primeiro e segundo níveis.

- **Quarto passo (mestres com experiência)**

Destina-se aos mestres de Reiki habilitados a sintonizar também novos mestres e é nesse momento que são informados dos procedimentos de como e quando se deve passar esse conhecimento a outro mestre de terceiro nível.

O Sistema Usui não é uma religião nem uma seita. E nunca o será, já que seu criador deixou claro que estes conhecimentos estão disponíveis para todos os seres humanos para que possam ser somados à forma de vida elegida por eles, independentemente de suas crenças filosóficas, religiosas ou políticas.

No Sistema Usui são fornecidos certificados que avalizam, em cada caso, a quem outorga e a quem recebe, os distintos graus dentro da técnica.

As pessoas que desejarem informações, podem entrar em contato com os autores por correio eletrônico.

orielreiki@hotmail.com
robertoking@reiki.org.ar

6
Mestrado

Qualquer pessoa pode receber o primeiro nível, uma vez que todos os seres humanos que habitam este planeta são iguais, ainda que não idênticos tanto do ponto de vista anatômico como energético. Todos nós estamos potencialmente preparados para recebermos a Sintonia proposta pelo Dr. Usui.

No segundo nível, assumimos uma maior responsabilidade por adquirirmos o conhecimento de Símbolos Sagrados, que deverão ser protegidos e cuidados. Para sermos mestres, tampouco faz falta identificarmo-nos como um ser excepcional. Só é necessário assumirmos o compromisso de dedicar grande parte de nossas vidas à difusão do Sistema Usui de Harmonização Natural e de considerar e respeitar o trabalho realizado por todos os mestres que nos antecederam.

O fato de sermos iniciados como mestres e termos o conhecimento das formas de utilização dos Símbolos de Reiki para iniciar outras pessoas não nos converte em exemplos especiais do ponto de vista espiritual ou moral. Só somos mestres de Reiki quando, na sala de iniciação, realizamos a Sintonia de cada aluno com a energia *Ki*.

Todos os mestres do Sistema Usui são iguais no momento da Sintonia, apenas isso podemos garantir. Fora da sala de iniciação, no transcurso do seminário, somos professores e cada qual transmitirá todo o conhecimento que tiver recebido em sua vida.

Ter recebido a iniciação como mestre não garante que se esteja pessoalmente orientado ou que se tenha encontrado o rumo da própria vida. Contudo, o fato de ministrar cursos haverá de levá-lo por um caminho de crescimento, seja qual for o ponto em que tenha começado.

É responsabilidade dos mestres a difusão dos conceitos de ética e de respeito pela individualidade e pela liberdade de consciência, para os quais o Sistema Usui leva.

Todo mestre deve se colocar à margem dos conceitos que os alunos possam expressar nos cursos com relação a crenças pessoais, políticas, filosóficas, religiosas ou espirituais. Deve deixar claro, a cada momento, que essas crenças não interferem no trabalho, mas que, pelo contrário, Reiki se harmoniza perfeitamente com elas e, talvez, as reforce e as torne mais claras.

A formação cultural e intelectual de cada mestre lhe conferirá uma capacidade diferente de discernir e interpretar o que está escrito. Recomendamos aos mestres que mostrem esses ensinamentos como um sistema, um método, uma técnica e deixem de fora as crenças pessoais de todo tipo, quer sejam ideológicas, religiosas ou espirituais.

É responsabilidade do mestre fazer com que cada aluno saiba que ele é absolutamente livre, que não tem nenhum grau de dependência com relação aos mestres, às instituições ou aos grupos a que possa pertencer. Também é sua responsabilidade dar assistência a todo praticante, em qualquer parte do mundo, qualquer que seja o mestre com quem tiver se formado.

Os mestres deverão tomar muito cuidado com suas interpretações pessoais sobre o sentido da vida, sobre a opinião que tenham a respeito de outros mestres ou de outras correntes, sobretudo levando em conta suas limitações para compreender o trabalho dos demais. Pode-se cair no erro de desvalorizar aqueles que fazem as coisas a seu modo pessoal.

O mais importante é, ao receber o mestrado, assumir o compromisso de ser fiel aos ensinamentos e ao modo como Reiki vem sendo transmitido desde o seu redescobrimento.

Vemo-nos na obrigação de advertir que existem pessoas que, tendo recebido um só nível, ou simplesmente lido algo em um livro, estão oferecendo seminários de Reiki para os quais não estão habilitadas.

É por isso que aconselhamos àqueles que queiram iniciar seu aprendizado que se informem previamente e em diferentes lugares sobre onde se ensina e quem ensina a técnica. Isso lhes permitirá comparar e, assim, eleger um verdadeiro mestre com o qual sintam afinidade pessoal e estejam seguros de que tenham sido devidamente iniciados.

EXCLUSIVO PARA MESTRES DE REIKI

Queremos aproveitar esta publicação para convidar os mestres a nos enviar suas críticas e recomendações, assim como para iniciarmos um diálogo de crescimento com o objetivo de, em conjunto, cuidarmos de Reiki.

ATENDIMENTO AO LEITOR E VENDAS DIRETAS

Você pode adquirir os títulos da Viva Livros através do Marketing Direto do Grupo Editorial Record.

- Telefone: (21) 2585-2002
  (de segunda a sexta-feira, das 8h30 às 18h)
- E-mail: mdireto@record.com.br
- Fax: (21) 2585-2010

Entre em contato conosco caso tenha alguma dúvida, precise de informações ou queira se cadastrar para receber nossos informativos de lançamentos e promoções.

Nossos sites:
www.vivalivros.com.br
www.record.com.br

EDIÇÕES VIVA LIVROS

Alguns títulos publicados

1. *Ame-se e cure sua vida*, Louise L. Hay
2. *Seus pontos fracos*, Wayne W. Dyer
3. *Saúde perfeita*, Deepak Chopra
4. *Deus investe em você e Dê uma chance a Deus*, Hermógenes
5. *A chave mestra das riquezas*, Napoleon Hill
6. *Dicionário de sonhos para o século XXI*, Zolar
7. *Simpatias da Eufrázia*, Nenzinha Machado Salles
8. *Nascido para amar*, Leo Buscaglia
9. *Vivendo, amando e aprendendo*, Leo Buscaglia
10. *Faça sua vida valer a pena*, Emmet Fox
11. *QS: Inteligência espiritual*, Danah Zohar e Ian Marshall
12. *A mágica de pensar grande*, David J. Schwartz
13. *O poder do subconsciente*, Joseph Murphy
14. *A força do poder da fé*, Joseph Murphy
15. *O poder cósmico da mente*, Joseph Murphy
16. *Telepsiquismo*, Joseph Murphy
17. *Como atrair dinheiro*, Joseph Murphy
18. *Cuidando do corpo, curando a mente*, Joan Borysenko
19. *Terapia de vidas passadas*, Célia Resende
20. *Passos de gigante*, Anthony Robbins
21. *Codependência nunca mais*, Melody Beattie
22. *Para além da codependência*, Melody Beattie
23. *Não diga sim quando quer dizer não*, Herbert Fensterheim e Jean Baer
24. *101 coisas que não me contaram antes do casamento*, Linda e Charlie Bloom
25. *Encontros com médiuns notáveis*, Waldemar Falcão

Este livro foi composto na tipologia Minion Pro Regular, em corpo 10,5/13, e impresso em papel 56g/m² no Sistema Cameron da Divisão Gráfica da Distribuidora Record.